佐藤卓利・久保真人・田尾雅夫・重田博正 著
Takatoshi Sato, Makoto Kubo, Masao Tao & Hiromasa Shigeta

介護サービス マネジメント

Care Service
Management

ナカニシヤ出版

はじめに

　本書では，目前に迫った（というよりも家でいえば，戸を開けて，靴を脱ぎかけたという形容が適切といってもよいが）超高齢社会にどのように立ち向かえばよいかを考えたい。それへの対応策の一つが介護をどのようにマネジメントするかということである。介護マネジメントは施策として捉えるべきであるが，それに先立って，それがどのようなものか，どのような問題点を含んでいるかについて総合的に，学際的に考える必要がある。

　本書では介護労働について集中的に議論したい。いうまでもないが，高齢者の多い社会，超高齢社会では，介護が必須のことになる。高齢者が多くなるのであるから，当然といえば当然である。病弱になれば，寝たきりになれば，また，認知症になってしまえば，介護なしには生きていけない。介護労働は，その社会において欠かせないものである。それを社会的に（家族を越えて）担うということは，それが一つの制度として，一つの職業として，今以上に重要な位置を占めることとほぼ同義である。介護する側にとっても，される側にとってもそれを望ましいものとする方法を工夫しなければならない。

　その論議が，マネジメントという観点から進められる背景には，今後の社会で，社会的にコストやリスクを抱える高齢者人口が大きく膨らみ，にも関わらず，それを支える生産人口や労働力人口が少なくなるという事情がある。この介護される側とそれを支える側の乖離は大きくなる一方である。このことを真剣に考えるほど，限られたサービス資源を有効活用しなければならないという現実に直面せざるを得なくなる。

　しかし，この問題は，ただコストを削減し，リスクを軽減するだけで解決できるものではない。介護労働を含めたヒューマン・サービス労働一般は，本来人的コストが膨らみやすく，リスクも容易に軽減できないものである。つまり労働集約的であることは避けがたい。とすれば，どのようなところが問題であり，どのようなところを改善すればよいかを，全体的な見通しのなかで，理解し，把握し，認識しなければならない。経済的な問題に矮小化しようとすれば，コストを切りつめるだけの議論が先行して，サービス構造が歪み，長期的には，

この社会をさらに不安定にすることになりかねない。介護の対象になる人たちは，本来市場にはなじまない人たちである。経済的にも社会的にも弱者といえる人たちが多い。その弱者を隘路に追い込めば，ますますこの社会が安定を欠くようになるのは，必至というべきではないだろうか。

　本書の各章の内容を簡単に紹介する。

　第1章「介護の社会化と介護保険」では，介護保険によって創出された介護サービス市場が急速に拡大するなかで，民間事業者とくに営利企業の事業運営に注目した。また介護保険の運営に責任をもつ市町村と住民の運営への参画についても論じた。

　第2章「介護サービス市場の創出と課題」では，介護保険スタート直後に実施した，全国の介護サービス事業所を対象とした郵送調査をもとに，介護サービス市場の様子と事業所の経営課題を振り返った。

　第3章「介護サービス事業経営の現状」は，2005年の介護保険制度の見直し後の，介護サービス事業所の経営状況の把握を目的に2008年に実施した全国調査の分析である。そこでは，事業者の"本音"が紹介されている。

　第4章「介護保険と地域包括ケアシステム」では，「介護の社会化」を期待されて作られた介護保険の10年後の現状について検討した。そこでは，なにゆえ地域包括ケアシステムが介護保険制度の見直しにおいて強調されるのかを検討した。

　第5章「ヒューマン・サービスとしての介護労働」では，介護保険の導入を契機に大きく変化した介護労働とくにホームヘルプ労働に注目し，それが事業として継続可能であるための課題を，ヒューマン・サービスの特質から検討した。

　第6章「介護労働者の腰痛予防と介護事業」では，介護サービスのマネジメントにとって介護労働者の健康確保がもつ意義を検討し，そのうえでいま介護労働者が直面している主要な健康問題である腰痛の予防対策を検討した。

　第7章「介護事業における深化と展開」では，あらためて介護労働の特性を分析し，サービスの質の向上のために必要とされるマネジメントの課題を整理した。そこでは人的資源管理の視点から，人材の育成と活用の仕方など現場で取り組むべき課題を提起した。

目　次

はじめに　*i*

1章　介護の社会化と介護保険（佐藤卓利）——— *1*

1　介護保険以前の介護　*1*
2　介護サービス市場の創出　*7*
3　介護保険の運営　*14*

2章　介護サービス市場の創出と課題
：2000年実施の郵送調査の結果から（久保真人）——— *19*

1　介護サービス事業の創出　*19*
2　介護保険制度施行当初の事業経営
　　：2000年実施の郵送調査の結果から　*19*
3　介護サービス市場創出の年から現在へ　*37*

3章　介護サービス事業経営の現状
：2008年実施の郵送調査，自由記述データからの検討（久保真人）*41*

1　調査の概要　*41*
2　事業所の基本特性　*42*
3　自由記述回答の頻度分析　*43*
4　介護サービス事業所の"本音"　*47*
5　終わりに　*59*

4章　介護保険と地域包括ケアシステム（佐藤卓利）——— *61*

1　はじめに　*61*

2　地域包括ケアシステムの提起　*62*
　　3　地域包括支援センターの機能強化　*66*
　　4　「これからの地域福祉」のあり方をめぐって　*70*
　　5　強制されない「共助」のために　*73*
　　6　おわりに　*78*

5章　ヒューマン・サービスとしての介護労働
：労働として捉える（田尾雅夫）―― *81*

　　1　介護労働の成り立ち　*81*
　　2　介護労働を支える要因分析　*89*
　　3　アセスメントと評価　*94*

6章　介護労働者の腰痛予防と介護事業（重田博正）―― *103*

　　1　安全・快適な介護労働と介護サービス　*103*
　　2　介護作業の腰痛発生要因　*107*
　　3　介護作業のリスクマネジメント　*113*
　　4　おわりに：介護現場における腰痛予防の課題　*120*

7章　介護事業における深化と展開
：質向上のための変革として捉える（田尾雅夫）―― *125*

　　1　介護労働の特異性　*125*
　　2　人的資源管理の視点から　*130*
　　3　ネットワークによる補完　*145*

あとがき　*148*
事項索引　*150*
人名索引　*152*

1 介護の社会化と介護保険

佐藤卓利

1 介護保険以前の介護

● 1-1 家族介護

　ここでは，介護保険が施行された2000年以前の介護について，まず振り返ってみよう。「介護」の一般的な定義を『社会福祉辞典』（大月書店，2002年）から引くと，「心身の障害によって，日常生活が一部または全般にわたって不自由な状態となった人に対して，その人に代わってその不自由になった部分に対して援助することであり，その援助過程そのものを指す」（野口典子）とある。この定義にもとづけば介護の対象者は，高齢者に限られるものではないが，介護保険はサービス利用者を65歳以上の高齢者と40歳以上の「特定疾病」をもつ人に限定しているので，以下の叙述では，介護の対象者を高齢者に限定して論じることにする。

　『福祉社会事典』（弘文堂，1999年）の「介護労働」の項では，「公的な文書に介護の用語が登場したのは老人福祉法の制定を求めた『老人福祉施策の推進に関する意見』（1962）であり，『広辞苑』に採録されたのが1983年だという」（春日キスヨ）と述べているから，「介護」という言葉によって人々が一般的にイメージするのは高齢者に対する介護であり，その言葉が社会的に定着するのは，1970年代から1980年代にかけてとみてよいであろう。このころまで，介護の場は家庭であり，介護の担い手は家族であった。

　家族による介護は，家事労働の一部であり，家族の中の私事とみられていた。したがって介護を身内の女性が担うことも，その労働が無償であることも当然

のように考えられていた。そして妻や娘や嫁が，家の中で病床に伏す夫や父や舅姑の介護をすることが，わが国の古くからの習慣であるとの固定概念が広く流布していた。脳卒中などの脳血管疾患（1950年代から70年代まで死因の第1位であった）で倒れた高齢者は，入院することも少なく在宅で療養し，医師の往診がなされても注射や点滴などによる水分と栄養補給が主であり，比較的短期間に肺炎などで死亡することが多かったといわれている。したがって家族の介護もその期間で終了することが一般的であった。

　医師の岡本祐三は，小津安二郎監督の名作『東京物語』（1953年）を題材にして，このころの日本の家族関係と家族介護の現実を論じている。昔は在宅で長期の介護を受ける「寝たきり老人」はいなかった，というのが岡本の主張である[1]。しかし，その後の国民皆保険制度の発足（1961年）による医療費負担の軽減と救命救急医療の進歩は，高齢者の長期生存を可能にしたが，皮肉なことに家族介護の負担を大きくすることにもなった。家族介護の固定概念は，介護の当事者たちを苦しめることになったのである。

　1968年に全国社会福祉協議会は，はじめて全国で「居宅寝たきり老人実態調査」を実施した。それによれば，「日常ほとんど寝ている高齢者は，およそ20万人（女性59％，男性41％）とはじき出された。このうち排泄に人手を借りなければならない人が55％と半数以上を占め，看病しているのは嫁49％，配偶者27％（妻が大部分），娘14％であった」[2]。この調査は，家族介護の実態を全国的にはじめて明らかにしたものといえるが，それがはらむ矛盾が社会的に認識され，したがって社会的に解決されるべき課題であるとの認識が人々の間に定着するまでには，まだしばらくの時間を必要とした。同じ年に日本フェビアン協会が東京都に住む高齢者300人に調査を行ったが，「老人ホームに関心がなく，いやな所，とする人が56％に上った。ホームヘルパーを知っている人は22％」という結果であった[3]。社会福祉サービスとしての介護は，人々には「お世話になりたくないもの」として意識されていたといってよい。

● 1-2　措置制度による介護

　家族のいない，あるいは家族の介護を当てにできない高齢者に対しては，「福祉の措置」による介護がなされることになっていた。旧老人福祉法（1963年

施行）の第10条の3は，「市町村は，65歳以上の者であって，身体上又は精神上の障害があるために日常生活を営むのに支障があるものが，心身の状況，その置かれている環境等に応じて，最も適切な処遇が受けられるように居宅における介護等の措置及び特別養護老人ホームへの入所等の措置の総合的な実施に努めなければならない」と謳(うた)っていた。

旧老人福祉法の制定にあたって，それ以前に「生活保護法に位置づけられていた養老施設が養護老人ホームという類型で引き継がれたほか，新しく特別養護老人ホームと軽費老人ホームという類型が付け加わった。養護老人ホームが，養老施設の流れを汲んで，経済的に困窮している高齢者を入所対象としていたのに対し，特別養護老人ホームは，心身の障害が著しいため常時介護を必要とするにも関わらず居宅において養護を受けることが困難な高齢者を入所対象とした。これにより，我が国で初めて，経済的な状況に関わらず介護を必要とする高齢者を養護する施策が，制度的に登場した」[4]と『平成12年版　厚生白書』は述べている。

しかし現実は「当初掲げられていた意図どおりに順調に展開されたわけではなかった」と総括し，その原因を以下のように分析している。「介護を必要とする高齢者の数に比べて施設が不足したため，結果的に，入所は緊急度の高い低所得者等が優先された。また，入所に当たっては，所得調査を受けることが必要であり，一般の人にとって必ずしも利用しやすいものではなかった。このほか，世帯収入に応じた利用者負担が求められたことから，中所得者層にとって重たい負担となるといった問題も指摘されていた」[4]。

その数の絶対的少なさと行政による優先順位づけが，利用者の低所得者・困窮者層への偏りをもたらすとともに，その処遇の低水準（個室が少なく，雑居部屋が多いなど）とも相まって，特別養護老人ホーム（特養ホーム）への入所に対する強い抵抗感を生み出していた。しかし高齢化の進展とともに家族介護の困難も深刻化し，特養ホームへの入所を申請した後，長期にわたって待機を余儀なくさせられる高齢者が増えていった。

1987年度東京都福祉局の『老人福祉施設における入所者の健康実態調査』によれば，入所待機している場所は，自宅が42.1％，病院が38.9％，その他が軽費老人ホームなどの他の施設であった。また『老人ホームの生活―東京都

内『特別養護老人ホーム』20施設における処遇実態調査報告書』(1990年,東京老人ホーム発行) は「病院からの入所が増加する傾向にある」と報告していた。「家族のなかには老人病院から特養ホーム入所を希望する人が少なくない。「ホームに入れるのは世間体が悪い。それより病院のほうが」といった偏見がなくなりつつあることも大きい。またいったん,特養ホームに入所すれば,退所を言い渡される心配がない」という介護を担う家族の意識変化が,1980年代にはみられるようになった[5]。

　1990年代に入ると家族介護の矛盾がいっそう深刻化し,人々の間に介護の社会化への要求が広がり始めた。他方で,後に述べる「社会的入院」が,高齢者医療費の負担問題として議論されるようになった。こうした社会的背景のもとで,世論を介護保険へ誘導するために,措置制度への批判が強まることになったのである。

　「社会福祉基礎構造改革」は,まさに措置制度をターゲットとして,その解体を狙うものであった。「社会福祉の基礎構造改革について (主要な論点)」(1997年11月25日) では,主な検討事項の1つとして「措置制度」が取り上げられた。そこでは「現行の措置制度は,一般的に事業の効率性や創意工夫を促す誘因に欠け,利用者にとってはサービスの選択や利用のしやすさの面で問題がある。また,事業者補助であるため透明性を欠き,これが腐敗につながる場合もある。このため,行政処分を行うことによりサービスを提供する措置制度を見直し,個人が自ら選択したサービスを提供者との契約により利用する制度を基本とする必要がある」と主張された。

　措置制度の評価をめぐっては,それが時代遅れであり利用者の立場に立っていないという否定的意見と,憲法に定められた生存権とそれに対する国家責任を具体化した制度であるという肯定的意見の対立があった。しかし憲法の生存権の理念を具体化するはずの措置制度の運用が,財政的制約と行政的管理によって利用者のニーズの量的・質的高まりに十分に応えられない現実の中で,介護の負担や不安に悩む人々,とくに中所得層以上の人々に介護保険への期待が強まっていったのである。

● 1-3　医療のなかでの介護：社会的入院

　先にも述べたように1961年に実現した国民皆保険制度の下で，医療費負担の軽減が図られた。さらに1973年老人福祉法の改正により医療保険における高齢者の一部負担が公的に肩代わりされ，いわゆる老人医療費の無料化が実現した。このことは，高齢者にとっては経済的な心配をせずに医療にかかれることを意味したが，同時に急速に医療ニーズを顕在化し拡大することにもつながった。そうした中で，従来から在宅での介護負担に苦しみ，特養ホームへの長期の入所待ちに耐えていた高齢者やその家族が頼りにしたのは，医療保険がカバーする病院での療養であった。

　措置制度による特養ホームへの入所においても，利用者および扶養義務者の所得に応じて利用料の徴収がなされるようになり，中高所得者層にとっては費用負担が入院を上回る事態も生じていた。また高齢者が相対的に多く加入する国民健康保険の財政赤字が深刻化していった。国民医療費のうち65歳以上の医療費を老人医療費として区別してとらえ，その伸び率が国民医療費全体の伸び率を上回り，年々その割合を増やしていることを問題視する議論が広まった。

　国民医療費の増大と国民健康保険財政の赤字が社会問題化するなかで，高齢者の長期入院に社会の関心が向けられるようになった。社会の関心は，まずマスコミを通じた老人病院などでの，薬漬け，身体拘束，雑居部屋などの劣悪な療養環境と人権無視の処遇への批判として高まった。さらに集中的な高度医療は必要なく，在宅での療養や通院でも生活可能であるにも関わらず，在宅あるいは施設での受け皿がないため入院を続けざるをえない実態が「社会的入院」として問題視されるようになった。

　社会的入院を解消するためには，医療が必要であっても急性期でない場合は，在宅での従来からの生活を維持し，家族や地域の人間関係を継続できる生活環境を確保する必要がある。その仕組みとして，地域での医療と介護の連携が構築されなければならない。しかし，1980年代から始まった現実の社会的入院の解消策は，医療費抑制政策であり，診療報酬の改定による長期入院抑制策や地域医療計画にもとづく病床規制が進められた。そのため長期入院の高齢者が，その後の療養環境を考慮されることなく，病院から退院を求められるケースが広まったのである。

● 1-4　介護保険への期待

　家族介護の深刻な実態は,「介護地獄」や「介護殺人」というショッキングな見出しでマスメディアにもたびたび取り上げられるようになった。他方で,北欧の進んだ高齢者福祉のレポートが頻繁に登場するようにもなった。市民の中にも女性を中心に介護の社会化を求める運動が広まり始めた。1990年の老人福祉法と老人保健法の改正によって,都道府県・市町村に「老人福祉計画」の策定が義務づけられた。「計画」作りは行政主導で進められ,コンサルタント会社への外注の事例も多くみられた。しかし事例が少なかったとはいえ「計画」の策定にあたって住民参加が追求され,住民の声が「計画」に反映されたケースもあった。

　1990年代に入って,住民のあいだに「自分たちの暮らす地域で,年をとってもひとり暮らしでも,快適で安心できる生活が可能となるような社会福祉の施設と在宅サービスのプランをつくり,その実現に向けて国や自治体に要求していくことが実践的な課題として意識されるようになった」[6]。

　家族による私的な介護から社会によって支えられる介護へ,高齢者政策を転換する必要性と緊急性が,国政のレベルでも意識されるようになった。基本的な方向性としては2つの選択肢があったといえる。1つは従来の措置制度の使い勝手の悪さと利用者の意向を軽視する運用を,財源の大幅な投入と利用者の基本的人権＝社会的市民権を尊重する運用へと転換する方向であった。もう1つは社会保険の方式により財源を確保し,消費者の権利と選択の自由を契約によって保証する公的介護保険の方向であった。

　細川連立政権の国民福祉税構想の挫折 (1994年2月) が,介護保険への方向を決定づけた。消費税率の引き上げによる財源確保が,当面不可能となったのである。その直後,厚生省に高齢者介護対策本部が設置され (同年4月),7月には高齢者介護・自立支援システム研究会が発足,研究会は12月に社会保険方式による介護保険の骨子を提案した。

2 介護サービス市場の創出

● 2-1 介護サービス市場の特徴

　1997年12月に成立した介護保険法は2000年4月より施行され，老人福祉法の措置制度の規定は残しながら，介護サービスの利用は介護保険法にもとづくものが優先されることになった。介護保険では介護サービスの利用が，利用者と提供者（事業者）との契約にもとづくものとなった。介護は事業者から購入するサービスとなったのである。

　契約にもとづくサービス利用がスムーズになされるために，利用者を援助する介護支援専門員（ケアマネジャー）という新しい職種が作られた。サービスの質のチェックは，介護サービスの情報や知識が利用者と提供者の間では均等ではなく，利用者が十分に提供されるサービスの質をチェックし選択することが難しいという「情報の非対称性」の問題もあって，市場メカニズムだけでは解決できないため，行政の監督が義務づけられた。また契約当事者としての能力が不十分な人には，それを補うものとして「成年後見制度」等の「地域福祉権利擁護事業」の創設がなされた。

　おおまかにいえば，市場メカニズムによる介護サービスの需給調整と，それを補完する所得支持制度（介護給付）および公定価格制度（介護報酬），消費者主権を保証する消費者保護行政，これらが措置制度に取って代わった介護保険制度の経済的骨格であった。

　介護サービス市場は，1990年代にイギリスで実施され始めた医療制度改革「NHS（国民保健サービス）改革」において導入された準市場の特徴を備えているといわれる。それは，❶サービス供給者には非営利団体に加えて営利企業も含まれ顧客を求めて競争する，❷消費者が直接サービスを購入するのではなく公的部門が購入し配分する，❸サービスの選択に当たっては家庭医（GP）などの専門家が関与する，などの点において純粋な市場とは異なっている。

　以上の特徴を介護保険と照らし合わせてみると，❶については，在宅サービス部門には株式会社等の営利企業の参入が認められ，これまでサービスを供給していた社会福祉法人等の非営利法人との競争が始まった。❷については，費用の9割が保険給付されるという「利用者補助方式」であり，イギリスのよう

な公的部門による「サービス購入方式」ではない。❸については，介護保険の導入にあたってはケアマネジャーという新たな職種が生まれ，サービス利用にあたってはケアプランの作成が義務づけられた。

● 2-2　介護サービス市場の拡大

2000年のスタートから10年，介護サービス市場は大きく拡大した。介護サービス市場は，介護保険がカバーする範囲と，それ以外の全額自己負担によるサービスの購入部分からなるが，ここでは介護保険がカバーする範囲を中心に論じる。

この10年間の介護サービス市場の拡大をいくつかの指標でみてみよう。介護保険の費用総額は，2000年の3.6兆円から2010年の7.9兆円へ2.2倍。要介護認定者の数は，218.2万人から479.9万人へ2.2倍。65歳以上の被保険者（第1号被保険者）数は，2165万人から2882万人へ1.3倍。65歳以上の平均保険料月額は，2,911円から4,160円へ1.4倍。施設の利用者数は，51.8万人から83.4万人へ1.6倍。居宅サービスの利用者数は，97.1万人から290.3万人へ3倍などである[7]。

介護サービス事業者の全国的な概況を，厚生労働省の『介護サービス施設・事業所調査結果の概況』から見ておこう。介護保険施設は，2000（平成12）年10月において介護老人福祉施設（特別養護老人ホーム）が4,463施設，介護老人保健施設が2,667施設，介護療養型医療施設が3,862施設であった。それが2008（平成20）年10月において，それぞれ6,015施設（35％増），3,500施設（24％増），2,252施設（16％減）となっている。利用者数は，それぞれ416,052人，291,931人，92,708人で，合計数は，800,691人である。開設主体別でみると，介護老人福祉施設は，5,503施設（91.5％）が社会福祉法人，介護老人保健施は2,577施設（73.6％）が医療法人，介護療養型医療施設は1,809施設（80.3％）が医療法人である。施設については，営利企業の参入は認められていない。

営利企業の参入が認められた居宅サービスでは，営利企業の市場シェアが大きくなっている。2008（平成20）年現在で訪問介護は，全国で20,885事業所あるが，そのうち営利法人（会社）は，11,498事業所でシェアは55.1％である。通所介護は，全国22,366事業所のうち第1位は，社会福祉法人9,230事業

所（41.3％）で，次いで営利法人 9,081 事業所（40.6％）である。とくに営利法人のシェアが高いのは，有料老人ホームなどでのサービスにあたる特定施設入居者生活介護で，2,876 事業所のうち 1,976 事業所（68.7％），福祉用具貸与が 4,974 事業所のうち 4,457 事業所（89.6％），特定福祉用具販売が 5,027 事業所のうち 4,678 事業所（93.1％）などである。

● 2-3　介護サービス市場のなかの営利企業

1）コムスン事件

　介護保険は，とくに居宅サービス事業と介護用具レンタル・販売事業における営利企業の拡大を促した。しかし介護サービス市場が急速に拡大するなかで起きたコムスン事件によって，営利企業に対し世間から厳しい批判の目が向けられることになった。

　コムスン事件は，訪問介護事業所の指定を受ける際に職員数を水増しするなど虚偽の申請をしたことが発覚し，2007 年 6 月に厚生労働省が同社の事業所の継続や開設を認めない処分を下したことで，事業継続ができなくなり，親会社のグッドウィルが介護事業から撤退，コムスンは解体され，その事業は他の法人・企業に引き継がれることになった事件である。この騒動は，ホームヘルパーなどの介護労働者の低賃金と劣悪な労働条件が，介護報酬の切り下げにより一層深刻化したなかで，とりわけ事業におけるモラルを欠いた営利企業が引き起こしたものあった。介護サービス市場における営利企業の存在とあり様については，措置制度に代わる介護保険のメリットとして強調された「競争による質の向上」と事業についての「事前規制から事後チェックへ」に関わる本質的問題であり，その実際の事業分析を踏まえて評価が下される必要がある。

2）大手企業の売上増大

　ここでは，大手介護関連企業の業績を見ておこう。2007 年にコムスンの訪問介護事業所の指定打ち切りと解散，その事業の他事業者への分割譲渡がなされた。コムスンから事業譲渡を受けた業界最大手のニチイ学館は，2008 年度 3 月期決算では，事業継続にともなう初期費用の増大により，営業利益が前年比マイナス 9.5％の 18 億 2000 万円となった。また介護報酬のマイナス改定の影

響により介護関連部門の売上も780億2千710万円，前年比マイナス1.7％となったものの，利益率は2.3％を確保した。

2009年度，同社の介護関連部門の売上高は997億2100万円と前年比25.2％の高い伸びとなったが，これは事業譲渡を受けた旧コムスンの居住系介護事業が寄与したものである。営業利益は，居住系介護施設の新規オープンにともなう先行費用の発生により，7億5800万円の損失を計上した。業界第2位のベネッセホールディングスの売上高は403億5400万円，営業利益は26億3500万円，利益率6.5％，3位のツクイは，それぞれ361億7900万円，16億3600万円，4.5％であった[8]。

3）小規模事業者の倒産

他方，小規模事業者の苦境が目立つ。2009年度の訪問介護事業者の倒産件数は，24件で前年度（13件）の倍近い件数となった。24件のうち16件が従業員5人未満の事業者であった。介護保険が発足した2000年度から03年度までは倒産した事業者は，1件のみであったが，06年度14件，07年度21件と近年増加傾向にあり，06年度の介護報酬マイナス改定と単価の低い介護予防事業の新規実施が影響しているものと考えられる。24件の倒産企業は，小規模企業が多く，業績不振や低収益などから再建の可能性が乏しく21件が「破産」を選択した[9]。

4）目立つ指定取り消し

また介護事業所の指定取り消しが営利企業に著しく偏っている。厚生労働省は，2010年3月5日に開催した「全国介護保険・高齢者保健福祉担当課長会議」で，08年度の介護サービス事業者の指定取り消しが，過去最高の116件に上ったことを明らかにした。その内訳は営利法人96件(82.8％)，特定非営利活動法人6件(5.2％)，医療法人12件(10.3％)，社会福祉法人1件(0.9％)，地方公共団体1件(0.9％)であり，圧倒的に営利法人の数が多い。2000年度からの累積件数をみると，全体で699件，うち営利法人513件(73％)，特定非営利活動法人55件(7.9％)，医療法人70件(10.0％)，社会福祉法人36件(5.6％)，地方公共団体8件(1.1％)，その他17件(2.4％)であった。

主な指定の取り消し理由は，介護給付費の不正請求，設備や人員の基準を満たしていない，虚偽の報告などであるが，指定の取り消しは悪質な場合であり，そこまでに至らない場合でも，サービスに対する改善勧告が出される。08年度の改善勧告総数は527件で，そのうち営利法人442件（83.9%），特定非営利活動法人11件（2.1%），医療法人35件（6.6%），社会福祉法人39件（7.4%），であった。サービスの質の点でも営利企業に問題が集中していることがわかる[10]。

5）有料老人ホームの経営難

　営利企業の経営問題を有料老人ホームについてみてみよう。有料老人ホームは，老人福祉法に規定された老人ホームであるが，施設ではなく自宅と同じような住居とみなされ，営利企業でも経営が可能である。このような施設を特定施設といい，そこで提供される介護サービスは居宅サービスとなる。特定施設には有料老人ホーム以外にも，ケアハウスや養護老人ホームが含まれる。

　介護保険開始直前の2000年3月31日現在で，特定施設の数は150事業所であったが，2010年4月30日現在で3,281事業所がWAM NET「介護事業者情報」に全国の集計結果として掲載されている。小竹雅子『介護情報Q&A第2版』（岩波ブックレット）によれば「有料老人ホーム（民間有料老人ホーム）は，全国に2,671施設あり，入居しているのは約11万人（2007年度）」である。有料老人ホームには，「健康型」「住宅型」「介護付」の3タイプがあり，介護保険による特定施設入居者生活介護の指定が受けられるのは「介護付」のみである。

　有料老人ホームの設置者は，老人福祉法により都道府県に届け出の義務を負っているが，届け出のある有料老人ホームは，3タイプ合わせて09年3月現在4,110施設（定員20万2000人）に達している[11]。同年4月末に厚生労働省の指示で都道府県が調査したところ，無届け施設が446施設あった[12]。不動産や建設などの異業種からの参入も多く，なかには悪質な業者もあり，入居者とのトラブルも目立つ。「全国の消費生活センターに寄せられた苦情は，07年度で327件と過去最多。08年度は集計中だが，400件に迫る勢いで，記録が残っている98年度の5倍以上」と報道されている[13]。

　異業種から参入し，経営の見通しもノウハウもないまま，有料老人ホームの

急増による競争の激化のなかで，経営困難に陥るケースが増えている。経営譲渡により事業が継承されるならまだしも，最悪の場合は施設の閉鎖という事態となり，入居者が転居を余儀なくされ途方にくれるという事態も起きている[14]。読売新聞によれば2006年度以降，少なくとも65の有料老人ホームが閉鎖され，事業主体が変わったケースを含めると342件に上る[15]。

　高齢者の生活を支えるサービスを民間企業に委ね，その質を「事前規制」ではなく競争による「事後チェック」で担保するという，市場メカニズムの介護サービスへの導入は，きわめて危ういものである。今後の規制強化が求められている。

● 2-4　介護サービスを担う労働者

　介護保険の導入を契機に介護労働者の性格も大きく変容した。ここでは，利用者の居宅で介護サービスに従事するホームヘルパーに焦点を当て，その労働の変容を跡づけ，現状を確認する。

　措置制度においては，サービス提供の公的責任原則により，ホームヘルプ事業は基礎自治体である市町村が直接行うか，あるいは社会福祉法人等に委託されサービスの提供が行われていた。その内容は，厚生省（当時）が定めた「老人ホームヘルプサービス事業運営要綱」（1995年改定）に示されていた。それは，大きく分けると❶身体の介護に関すること，❷家事に関すること，❸相談，助言に関することであった。費用負担に関しては，所得にもとづく段階的な費用徴収がなされていたが，生活保護世帯，所得税非課税世帯は無料，最高段階で1時間当たり920円であった（1996年度）。

　介護保険が導入されて，それまでの老人福祉法によるホームヘルプサービスは，「やむを得ない事由により介護保険法に規定する訪問介護を利用することが著しく困難であると認めるとき」（老人福祉法　第10条の4）にのみ利用可能な例外的なものとなった。先にも述べたように，株式会社等の営利企業の参入が可能となり，利用者は提供者からサービスを購入するという仕組みが一般化した。

　介護保険への移行をにらんで1997年に国から市町村への補助金方式が変更された。それまでヘルパー1人当たり年額で算定されていた定額の補助金が，

「身体介護」と「家事援助」に分けられ1時間単位の事業実績で算定されるようになった。97年度はそれぞれ2,860円，2,100円であったものが，2000年度の介護保険の介護報酬単価では，4,020円と1,530円となった。この単価では，措置制度の下で正規雇用していたヘルパーを，介護保険制度の下で，同一条件で雇用し続けることは困難であった。この補助金方式の改定は，介護保険の導入を前に，居宅介護事業者にヘルパーの賃金・雇用条件の変更を迫るものであった。介護保険の導入を契機に，ヘルパーのパート化が進められ，非正規雇用が一般化することになった。

　ヘルパーの賃金は，事業主とヘルパーの雇用契約によって決まるが，雇用主は介護報酬から必要経費を引いた範囲で利潤を考慮して，賃金額を決めることになる。介護報酬は3年ごとに見直されるが，2003年と2006年の改定では報酬単価が引き下げられた結果，訪問介護（ホームヘルプサービス）部門の赤字が構造化した。事業者は，通所介護など他の事業の収益からの繰り入れで，経営を維持せざるを得なかった。厚生労働省は，介護報酬設定のための基礎資料を得ることを目的に，「介護事業経営概況調査」を実施したが，2004（平成16）年と，2005（平成17）年の「調査の概要」によれば，訪問介護の損益比率は2004年がマイナス1.3%，2005年がマイナス0.8%であった。

　訪問介護事業の構造的赤字は，ヘルパーの賃金・労働条件にしわ寄せされた。介護労働安定センターの「介護労働実態調査」によれば，ヘルパーの非正社員の割合は，2006年の53.7%から2007年の60.1%に増えた。所定賃金は，2005年206,800円，2006年191,250円，2007年186,863円と悪化の一途をたどった[16]。

　介護保険制度の下では，ヘルパーに限らず介護職種全体が，低賃金労働者である。厚生労働省の「2008年賃金構造基本統計調査結果」では，介護支援専門員（ケアマネジャー）の平均月額賃金は250,700円，福祉施設介護職員は203,400円，ホームヘルパーは194,400円であった。介護業界の低い賃金水準が，介護職員の高い離職率（およそ20%），と短い勤続年数（平均4年程度）の原因となっている。

　低賃金と労働条件の厳しさから，介護業界は慢性的な人手不足に悩み，介護の質の低下が深刻な問題となっている。このような事情を反映して，2009年度の3回目の介護報酬改定では，はじめて3%の増額がなされたが，「焼け石

に水」といわざるを得ない。

　介護労働者の処遇がどの程度改善したのかについて，厚生労働省は2010年1月に実態調査の結果を明らかにした。それによれば，ヘルパーを含む介護職員の平均月額賃金は，約8,900円増の199,854円であった[17]。一方，介護労働者の労働組合である日本介護クラフトユニオンの調査では，訪問系介護職員の賃金を，改定前の2009年3月と改定後の8月で比較した結果が報告されている。月給制組合員は，163,869円から169,491円へ5,622円（3.4％）増，時給制組合員は，身体介護が1,325円から1,334円へ9円（0.7％）増，生活援助が1,073円から1,096円へ23円（2.1％）増であった[18]。3％の介護報酬の効果は薄く，とりわけパート労働者へは全くといっていいほど効果がなかった。

　多くの介護労働者の賃金・労働条件は，個別的労使関係によって決められ，何ら社会的規制がない。せいぜい地域別最低賃金が下支えしているにすぎない。このような状態を放置しておくことは，介護保険制度をサービス供給の面から劣化させ，さらにサービス利用者の状態をも悪化させていくことになるであろう。

3　介護保険の運営

● 3-1　中央政府（厚生労働省）による統制

　介護保険は，全面的な市場メカニズムの導入ではなく，準市場的性格をもつ仕組みである。その仕組みは中央政府が決定し，市町村はその制度の枠内で介護保険を運営しなければならない。

　そのおもな特徴は，以下の3点である。❶介護サービスの価格は，需要と供給で決まる自由価格ではなく，国（中央政府）が決める公定価格である。❷介護サービス費用のうち利用者が負担するのは1割であり，残りの9割は税と保険料による公的負担である。❸介護サービスの購入は自由ではなく，行政窓口での申請，訪問調査，コンピュータ判定（1次判定），介護認定審査会による2次判定を経て，要介護度が決定される。その要介護度（7段階）ごとに決められる支給限度額の範囲で，ケアプランの作成をして，はじめてその利用が可能となる。

介護サービスの供給は，居宅サービスにおいては営利企業も含めた新たな民間企業の参入が可能になったと先にも述べたが，施設サービスにおいては非営利を原則とする社会福祉法人・医療法人等に限定されている。施設定員数については，国が示す参酌標準にもとづき都道府県（広域自治体）と市町村（基礎自治体）が作成する3年ごとの施設整備計画によって統制されている。特別養護老人ホームの建設費には，2003年まで国の補助金が付き，補助金の付け方によってその定員数の統制が可能であった。

朝日新聞の調査によれば，全国の自治体の施設整備計画（2006～08年度）で立てられた介護保険施設の定員を約15万2000人分増やす計画は，実際は半分以下の約7万5000人分にとどまった。この背景を同紙は，以下のように伝えている。「施設整備が進まない背景には，建設時の補助金削減や運営費に充てる介護報酬の引き下げが響いている。従来は特養をつくる際は国が建設費の2分の1，都道府県が4分の1の補助金を出していたが，三位一体改革で国の補助金は04年度で廃止。税源が地方自治体に移されたが，財政が厳しい都道府県は介護施設に対する補助金を抑制しがちだ。また，介護ケアと医療の両方が必要な高齢者が長期入院する療養病床（介護型）は，計約1万1千人分増やす計画だったが，06年に国が医療費削減のため介護型を全廃する方針を打ち出したことで，逆に2万4千人分減った」[19]。

特別養護老人ホームの待機者は，全国で36万人いると同紙は伝えているが，介護保険施行から10年たっても施設不足が解消されない大きな原因は，国の介護給付費・医療費抑制政策にある。介護保険制度の主設計者であり統制者である国の責任が問われるべきである。

● 3-2 市町村（基礎自治体）による運営

介護保険は，市町村（基礎自治体）が運営している。市町村は，3年を1期とする介護保険事業計画を作成するが，それは介護保険サービスの各メニュー（訪問介護などの居宅サービス15種類，特別養護老人ホームなど施設サービス3種類など）の需要を過去の実績と整備計画を踏まえて予測し，国が示した公定価格である介護報酬（各サービスの単価）にもとづいて給付総額を見込む。3年間の給付総額の伸びを勘案して，各年度同額の保険料（第1号被保険者保険料）を算定

するが，その収支は税（国が2分の1，都道府県と市町村がそれぞれ4分の1の分担）および第2号被保険者保険料を合わせて3年間で均衡させなければならない。

　国は，市町村が3年ごとに給付に応じて保険料を改定し，それにより介護保険財政の安定を図るよう介護保険制度の設計を行った。給付に応じて保険料が決まる。つまり，より多くの介護サービスを利用者が望み，市町村がそれに応えて給付を増やすならば，それは保険料にはね返る仕組みである。それはまた市町村と住民に，従来の措置制度ではほとんど意識されることがなかった介護サービスの「コスト」を意識させる仕組みでもある。したがって，介護サービスの自由な拡大は，それぞれの市町村の介護保険財政によって制約されざるを得ないものであった。

　介護保険制度は，当初から給付の拡大を抑制する装置を内蔵していた。つまり保険財政の収支均衡の原理が，抑制装置として働くことが期待されていた。しかしサービス給付の拡大が保険料の値上げにはね返るこの仕組みのもとで，3年ごとの改定のたびに保険料の値上げがなされてきた。全国平均の月額保険料（基準額）は，第1期2,911円，第2期3,293円，第3期4,090円，第4期4,160円と値上げされ続けてきた。積極的に介護施設を整備し在宅サービスを充実した市町村ほど，保険料は高くなった。

　保険料の値上げが未納者を生み，未納者の増大がさらなる保険料の値上げをもたらすという悪循環を恐れる厚生労働省は，介護保険制度の「持続可能性」の観点から，保険料の値上げを抑制するために給付の抑制を強めることになった。それが「保険者機能」の強化であり，「介護予防」の強調であった。

　当初，介護保険は地方分権の「試金石」といわれ，市町村の自主的運営が期待されたかのようであったが，実際に手っ取り早い給付抑制の方法として行われたのは，厚生労働省による要介護認定基準の改定であった。2009年4月からの改定によって，それ以前よりも軽度に判定されるケースが多発した。介護認定審査会を運営する市町村からは，現場軽視の声も聞かれ，介護関係団体からの批判も広がったため，10月には再度の認定基準の改定がなされた。この間の厚生労働省の対応は，介護保険制度への信頼を揺るがすものであったといえる。

　他方で，被保険者・利用者の側でも，保険料の支払いに加えて1割の自己負

担が重くのしかかり，サービス利用を自己抑制せざるを得ないケースを生んでいる。

● 3-3　住民の参画

　介護保険事業計画の策定は，「市町村の自治行政能力と住民自身の自治能力」を試す絶好の機会であり，「住民参加による計画策定が真の住民自治への道筋を切り拓くものとなる」[20]との期待もあった。またこうした意気込みで計画の策定に取り組んだ自治体もあった。

　確かに介護保険法第 117 条第 5 項（公布時）は，「市町村は，市町村介護保険事業計画を定め，又は変更しようとするときは，あらかじめ，被保険者の意見を反映させるために必要な措置を講ずるものとする」と規定しており，計画へ「被保険者の意見」が反映される仕組みとなっている。

　ただし，市町村が介護保険法に従い介護保険事業計画策定委員会を設置したとしても，そのことが自動的に住民の介護保険事業への参画を保証するものではない。行政のもとに置かれた審議会・委員会が一般に，行政のシナリオにもとづいて運営され，行政による原案を承認する場になっていることが多いといわれるが，介護保険事業計画策定委員会の運営と審議内容について，住民サイドからの検証が必要である。2011 年現在，第 4 期の介護保険事業計画にもとづいて，介護保険事業が進められているが，当初の意気込みが継続し，市町村の事業運営が進められているのか，「市町村の自治行政能力と住民の自治能力」の自己評価と点検も必要な時期であろう。

注　記

1) 岡本祐三（1993）.『医療と福祉の新時代』日本評論社, pp.23-31.
2) 福祉文化学会［編］（1995）.『高齢者生活年表　1925-1993』日本エディタースクール出版部, p.48.
3) 同上, p.49.
4) 厚生省［監修］（2000）.『平成 12 年版　厚生白書』ぎょうせい p.120.
5) 山口道宏［編］（1994）.『東京で老いる』毎日新聞社, p.92.

6) 佐藤卓利（2008）．『介護サービス市場の管理と調整』ミネルヴァ書房，p.19.
7) 「朝日新聞」2010 年 5 月 14 日付
8) 「シルバー産業新聞」2008 年 6 月 10 日付および 2009 年 6 月 10 日付
9) 「シルバー産業新聞」2010 年 5 月 10 日付
10) 「介護サービス事業所に対する監査結果の状況」『平成 22 年 3 月 5 日　全国介護保険・高齢者保険福祉担当課長会議』提出資料，71-83 ページ．
11) 「朝日新聞」2009 年 5 月 24 日付
12) 「朝日新聞」2009 年 10 月 19 日付
13) 「朝日新聞」2009 年 5 月 24 日付
14) 「読売新聞」2009 年 12 月 18 日付
15) 「同上」
16) 「シルバー産業新聞」2008 年 8 月 10 日付
17) 「朝日新聞」2010 年 1 月 26 日付
18) 「シルバー産業新聞」2009 年 11 月 10 日付
19) 「朝日新聞」2009 年 6 月 9 日付
20) 高橋信幸（1999）．「はじめに」『介護保険事業計画と福祉自治体』中央法規出版

2 介護サービス市場の創出と課題
: 2000年実施の郵送調査の結果から

久保真人

1 介護サービス事業の創出

　2000年4月より実施された介護保険制度によって，わが国における高齢者介護のシステムは行政による「措置」制度から「社会保険」制度へと大きく転換した。世界でも類をみない急速な高齢化の進むわが国において，介護は，購入可能なサービスとして，将来的に需要の大幅な伸びが期待される巨大市場を形成することとなった。この市場には，社会福祉法人や医療法人といった従来から高齢者ケアに関わってきた事業者だけではなく，民間企業も含めた多様な事業者が参入した。本章では，介護保険制度施行後間もない時期に行った介護サービス事業所を対象とした郵送調査の結果をもとに，新たに創出された介護サービス市場の発足当初の様子と課題を振り返る。

2 介護保険制度施行当初の事業経営
: 2000年実施の郵送調査の結果から

● 2-1 調査の概要

　本章の議論のベースとなるのは，介護保険制度施行後まもない時期に著者を含めた研究グループが実施した調査の結果である[1]。調査は，2000年12月から2001年1月の期間，介護保険制度施行後半年以上経過した時期に実施した。
　2000年春の制度開始直後に社会福祉医療事業団の『WAM NET』に訪問介護サービス事業者として登録されていた全事業所（13,178事業所）を調査対象

とし，調査票を郵送した。調査にあたっての倫理的配慮として，調査の目的，データならびに結果を学術上の目的のみに利用すること，そして，回答者（事業所）の匿名性の保証などについて説明した書面を添付した。また，調査後，希望する事業所には，調査結果をまとめた報告書を郵送した。

返送されてきた 4,112 事業所の調査票から，休業中の事業所および記入漏れの多かった事業所の調査票を除くと 4,088 事業所となった。さらに，同一法人から一括送付されてきた 417 事業所の調査票では，ほとんどの項目で同一の回答であったため，全体の結果に与える影響を考慮し，分析対象から除くこととした。その結果，返送された 4,088 事業所から，この 417 事業所を除いた 3,671 事業所を分析の対象とした（有効回答率 27.9％）。以下の分析では，特にことわりのない限り，百分率は，この 3,671 事業所を 100 として算出している。

● 2-2　事業所の基本特性

1）経営法人の分布

本調査の調査対象 13,178 事業所と分析対象とした 3,671 事業所の経営法人別の構成比を示したのが表 2-1 である。最も多いのが社会福祉法人（社会福祉協議会を含む）で 1,626 事業所（44.3％），次に，民間企業 1,054 事業所（28.7％），医

表 2-1　経営法人の分布

	分析対象事業所		調査対象事業所	
	事業所数	割合	事業所数	割合
民間企業	1054	28.7%	5231	39.7%
社会福祉法人[1]	1626	44.3%	4981	37.8%
医療法人	346	9.4%	1301	9.9%
NPO 法人	107	2.9%	310	2.4%
協同組合	221	6.0%	706	5.4%
その他	210	5.7%	649	4.9%
無回答	107	2.9%		
合計	3671	100.0%	13178	100.0%

1）社会福祉協議会を含む

療法人346事業所（9.4%），協同組合221事業所（6.0%），NPO法人107事業所（2.9%），その他210事業所（5.7%）となっていた。介護保険制度施行直後ということもあり，措置の時代から介護に関わってきた社会福祉法人の割合が高いが，新たに介護サービス事業に参入した民間企業の割合も高く，医療法人を含めた上位3つの経営法人をあわせると全体の82.4%を占める結果となった。

この経営法人の分布を調査対象とした全事業所（13,178事業所）の分布（表2-1参照）と比較すると，分析対象とした事業所では，「民間企業」の割合が少ないが，これは，先の同一法人に属する417事業所を除いた影響だと考えられる。この点を除けば，本調査の分析結果は，制度開始直後の事業所の経営法人の分布を反映したものだといえるだろう。

2）サービス提供地域による経営法人の分布

次に，全国を東京都，都市部（東京都を除く2000年時の政令指定都市：札幌市，仙台市，千葉市，川崎市，横浜市，名古屋市，京都市，大阪市，神戸市，広島市，北九州市，福岡市）とその他の地域の3つに分け，サービス提供地域による経営法人の分布の違いを検討した。なお，経営法人は，データ数の関係から，社会福祉法人，民間企業，医療法人の上位3つの経営法人に絞って比較を行った。東京都，都市部，その他の地域の3つのサービス提供地域別に，各経営法人の分布を示したものが図2-1である。なお，図中の割合は，3つの経営法人以外の法人の事業所も含めた，各サービス提供地域内の全事業所（東京都：197事業所，都市部：520事業所，その他の地域：2,918事業所）に占める割合を記載している。

民間企業は，東京都と都市部で，全事業所の半数以上（58.9%，52.1%）を占めているのに対し，その他の地域では2割程度（22.8%）にとどまっている。それと対照的なのは，社会福祉法人の分布である。東京都と都市部では，2割程度（17.8%，18.3%）の社会福祉法人が，その他の地域では，全事業所の半数以上を占めていた（51.0%）。

民間企業の参入を促し，競争的な市場を創出することで，サービスの質と効率性を追求することが，介護保険制度の理念の一つであった。介護保険制度開始直後から，相当数の民間企業の参入を得たことは，介護サービス"市場"の将来性への期待を反映したものであり，この点においては，制度の滑り出しは

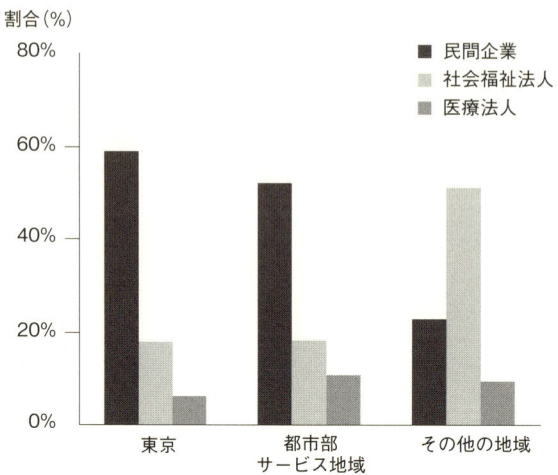

図 2-1　サービス提供地域別の経営法人の分布

・東京は 197 事業所，都市部は 520 事業所，その他の地域は 2,918 事業所を母数に百分率を算出

順調であったといえよう。

　また，この結果から，民間企業は，全国の"市場"に均一に参入したわけではないことがわかる。一般に，サービス提供時間に占める移動時間の割合を少なくすることは，訪問サービスの効率性を高める重要な要素である。そのことが，多くの民間企業が，まずは，比較的狭いエリア内に人口が集中している都市部を中心とした事業展開を選択した理由であろう。

3）経営法人の設立時期

　図 2-2 は，分析対象とした事業所を経営する法人の設立時期の分布を年代別に示したものである。1960 年以前は，老人福祉法（1963 年制定）制定前の時期でもあり，この時期設立されていた法人は，30 事業所（0.8%）に過ぎない。その後，60 年代 103 事業所（2.8%），70 年代 207 事業所（5.6%），80 年代 352 事業所（9.6%）と少しずつ増加するが，ゴールドプラン（1989 年策定），新ゴールドプラン（1994 年策定）を受けて，90 年代には 1,250 事業所（34.1%）と設立事業所が一気に増加する。そして，介護保険制度が施行された 2000 年には，単年

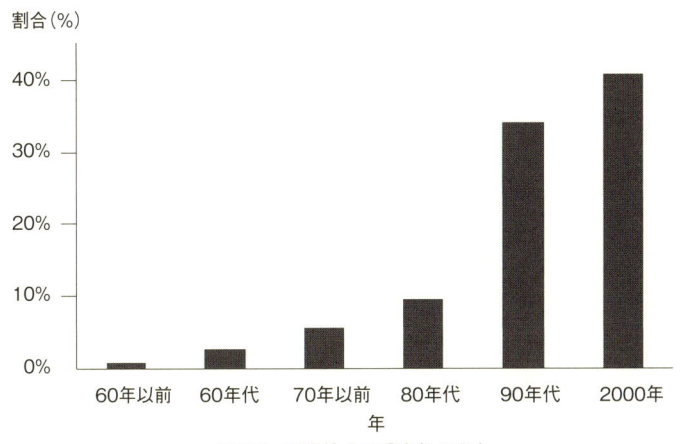

図2-2 経営法人の設立年の分布

・実施事業所の割合は無回答（233事業所）も含めた分析対象の全数（3,671事業所）を母数とした百分率

にも関わらず，全体の40.8%にあたる1,496事業所が設立されている。

　事業所の設立時期の分布から，ゴールドプラン以前に提供されていた高齢者のための介護サービスが，一部の人たちのための非常に限定的なものであったことを，あらためてうかがい知ることができる。また，ゴールドプランを受けて，いわゆる「介護の社会化」に向けた環境整備の過程で，数多くの介護サービス事業所が設立され，提供される介護サービスの範囲も拡大していったが，それでもなお，介護保険制度が施行された2000年が，わが国の高齢者介護にとっての大きな転換点であり，ある意味，急激で唐突な変化がもたらされた年であったことは想像に難くない。

● 2-3　介護労働者の不足
1）充足状況

　介護労働者の不足が危急の問題として指摘されるようになって久しい。厚生労働省も，福祉・介護の人材確保のためにさまざまな取り組みを行っている[2]。では，介護保険制度開始直後，介護労働者の充足状況はどうだったのであろうか。本調査でも，介護労働者の充足状況についてたずねた項目があるが，その

結果を見ると，1,645事業所（44.8%）が「充足している」，1,965事業所（53.5%）が「不足している」と回答していた（無回答61事業所）。「不足している」と回答した事業所が「充足している」と回答した事業所を上回っており，介護保険制度開始当初より，介護労働者の確保に問題を抱えていた事業所が多かったことがうかがえる。

2) サービス提供地域による違い

次に，サービス提供地域や経営法人により，介護労働者の充足状況が異なっていたのかどうかについて検討する。民間企業，社会福祉法人，医療法人の3つの経営法人について，東京都，都市部，その他の地域の3つのサービス提供地域毎に，介護労働者が「不足している」と回答した事業所の百分率を示したのが図2-3である。なお，図中の割合は，東京，都市部，その他の地域それぞれの各経営法人の総数に占める割合を記載している。

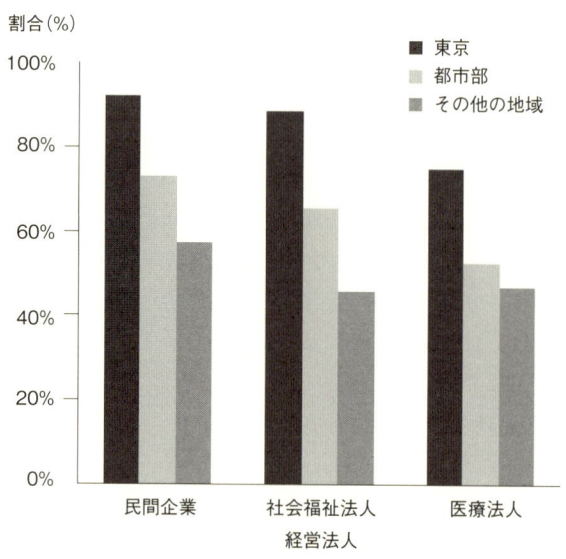

図2-3　サービス提供地域，経営法人別の介護従事者不足の割合
・東京，都市部，その他の地域それぞれの各経営法人の総数を母数に百分率を算出

図2-3より，サービス提供地域により，介護労働者の充足状況は大きく異なっていたことがわかる。最も充足状況の低い東京都では，民間企業106事業所（92.2%）をはじめとして，社会福祉法人31事業所（88.6%），医療法人9事業所（75.0%）が「不足している」と回答している。都市部では，民間企業193事業所（73.1%），社会福祉法人61事業所（65.6%），医療法人29事業所（52.7%）が「不足している」と回答している。充足状況が最も高いその他の地域では，民間企業372事業所（57.4%），社会福祉法人678事業所（46.0%），医療法人129事業所（47.1%）が「不足している」と回答していた。

また，経営法人別の比較では，サービス提供地域ほど大きな違いは認められないが，3つの法人の中では，医療法人，社会福祉法人，民間企業の順に充足状況が高くなっている。介護保険制度以前から介護ないしは高齢者医療サービス事業に携わっていた経営法人の事業所の方が，新規に参入を果たした民間企業の事業所よりも，人材確保の点で若干のアドバンテージのあったことをうかがわせる結果である。

東京を筆頭とする都市部で介護労働者の確保に窮する事業所が多かったことには，先に述べたように，介護保険制度開始当初，民間企業など新規参入組は，市場の潜在規模の大きい都市部に集中したことがあげられる。その結果として，都市部では，新規の事業所による人材の奪い合いが起こり，介護労働者の確保が困難になったと推測できる。これに加えて，都市部では，介護サービス事業に限らず，多様な業種からの求人があり，他業種との人材の奪い合いという側面もある。介護労働者のほとんどがパートや登録など非正規雇用の社員であることを考慮すれば，同じく，非正規雇用社員を多く抱える流通・サービス業が数多く存在する都市部での人材確保は一層困難であったといえるだろう。

3）採用計画

今後の介護労働者の採用計画を，正社員，パート社員，登録社員別に，「増やす」，「現状維持」，「減らす」，「未定」の4つの選択肢でたずねた。この回答を整理し，正社員を増やすと回答した事業所を「正社員」，パート社員，登録社員といった非正規社員を増やすと回答したが正社員を増やすとは回答しなかった事業所を「非正規のみ」，いずれの項目においても，現状維持，減らす，

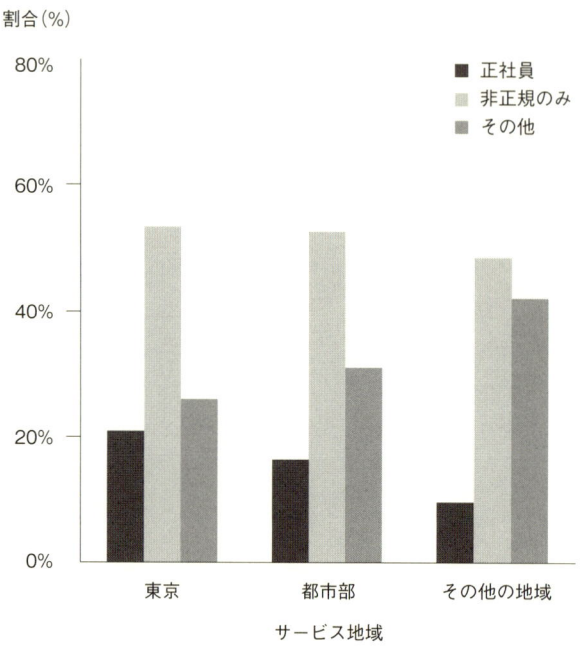

図 2-4　サービス提供地域別の介護従事者の採用予定

・東京は 197 事業所，都市部は 520 事業所，その他の地域は 2,918 事業所を母数に百分率を算出

未定，あるいは無回答とした事業所を「その他」として，サービス提供地域別にその分布を示したのが図 2-4 である。なお，図中の割合は，各サービス提供地域内の全事業所（東京都：197 事業所，都市部：520 事業所，その他の地域：2,918 事業所）に占める割合を記載している。

　採用計画については，先の介護労働者の充足状況ほど，大きな地域差は認められない。どのサービス提供地域においても，採用計画の主力は，パート社員，登録社員といった非正規社員であり，この時点で，おおむね半数程度の事業所が増員を計画していたことがわかる。正社員を増員するとした事業所の割合は，東京都で最も高く 41 事業所（20.8%），つづいて都市部で 85 事業所（16.3%），最後にその他の地域で 281 事業所（9.6%）となっていた。

　主力である非正規社員の採用計画よりも，むしろ正社員の採用計画に地域

差が認められた理由としては，先に述べたように，東京都や都市部で起こった，新規参入事業所による人材の奪い合いをあげることができよう。ある意味唐突ともいえる介護保険制度の施行は，介護労働者の人材不足を招き，とりわけ，コーディネータなど中心的な業務を担う経験のある有資格者の不足は，介護サービス事業所の設置基準とも関係して，その確保は事業所にとって急務の課題であったといえよう。事業所の中核的人材としての正社員の不足は，新規参入の相次いだ東京都などの都市部で顕著であったことは想像に難くない。

● 2-4 事業所経営

1）訪問介護サービス事業の収支

調査票回答時点での訪問介護サービス事業の収支をたずねた項目に対して，358事業所（9.8%）が「黒字である」，1,190事業所（32.4%）が「収支トントン」，2,049事業所（55.8%）が「赤字である」と回答した。半数以上の事業所が「赤字である」と回答していたことから，介護保険制度施行直後の訪問介護サービス事業の経営環境の厳しさがあらためて浮き彫りになった。

2）各種サービス利用者数の割合

当時のマスコミ報道の多くが，訪問介護サービス事業の収支が不調に陥った理由として，当初予想されていた以上に，サービスの利用が手控えられたことと，サービスの利用が，単価の低い家事援助[3]サービスに集中していたことを指摘している[4]。

2000年4月と10月，それぞれの時期の全利用者数，家事援助サービス中心の利用者数，身体介護サービス中心の利用者数，家事援助，身体介護の両サービスを組み合わせた複合型サービス中心の利用者数をたずねた。この利用者数のデータをもとに，全体の利用者数に対する家事援助サービス中心の利用者数，身体介護サービス中心の利用者数，そして，複合型サービス中心の利用者数の割合を，4月期と10月期それぞれについて求めた。

では，マスコミ各社が報じたように，家事援助サービス利用者数の割合は事業所の訪問介護サービスの収支と関係していたのであろうか。この関係を検討する目的で，先に述べた訪問介護サービス事業の収支が「赤字である」と回答

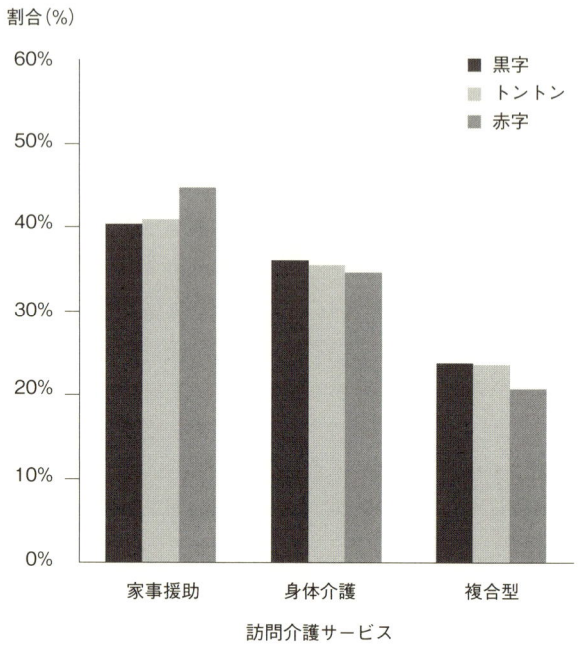

図 2-5　経営状況別の訪問介護サービスの割合

・「黒字である」は 343 事業所,「収支トントン」は 1,106 事業所,「赤字である」は 1,899 事業所を母数に百分率を算出

した事業所,「収支トントン」と回答した事業所,そして「黒字である」と回答した事業所別に,調査票回答時点（2000 年 12 月から 2001 年 1 月）に近い 10 月期の各サービス利用者数の割合の平均値を示したのが図 2-5 である。なお,図中の割合は,訪問介護サービス事業の収支の回答をもとに（「黒字である」：343 事業所,「収支トントン」：1,106 事業所,「赤字である」：1,899 事業所）,各訪問介護サービスの占める割合を記載している[5]。

図 2-5 を見ると,家事援助サービス利用者数の割合は,「赤字である」と回答した事業所が最も多く,次に「収支トントン」と回答した事業所,最も少ないのが「黒字である」と回答した事業所であった。身体介護サービスと複合型サービスについては,その逆で最も利用者数の割合が高いのは「黒字である」

と回答した事業所で，最も少ないのは「赤字である」と回答した事業所であった。訪問介護サービス事業の収支が「赤字である」と回答した事業所では，家事援助サービス利用者数の割合が高く，身体介護サービス，複合型サービス利用者数の割合の少ないことが，本調査のデータからも確認された。

　さらに，この時期，事業所の多くが，収支の改善を図るため，単価の低い家事援助サービスからの転換を図っていたとの報道も多くみられた。たとえば，2000年11月20日付の日経産業新聞では，家事援助サービスに利用が集中する介護サービス事業の現状にふれた上で，「12月以降（介護ビジネスの採算悪化の原因である）家事援助サービスは当社ではゼロになる」との大手介護サービス企業の社長のコメントを掲載している。家事援助サービスを一切受けないというこのコメントは，かなり極端な経営戦略であり，一部の事業者のモラルハザードの徴候をうかがわせる発言とも受け取れるが，介護サービス事業がビジネスとなった以上，程度の差こそあれ，各介護事業所が，より単価の高いサービスへのシフトを模索するのは，ある意味考えうる帰結だったともいえよう。

　では，本調査での4月期から10月期にかけての家事援助サービス，身体介護サービス，複合型サービス利用者数の割合の変化から，この転換の流れを確認することができるであろうか。全事業所について，4月期と10月期の各種サービスの利用者数の割合の平均を求めたところ，4月期は，家事援助サービス45.1％，身体介護サービス36.9％，複合型サービス18.1％，10月期の割合は，家事援助サービス43.0％，身体介護サービス35.0％，複合型サービス22.0％となっていた。4月期から10月期にかけて，家事援助サービス利用者数の割合は2.1％減少，身体介護サービス利用者数の割合も1.9％減少しているのに対して，複合型サービス利用者数の割合は3.9％増加していることがわかる。

　次に，このサービス転換の動きが経営法人によって異なるかを調べてみた。民間企業，社会福祉法人，医療法人の3つの経営法人それぞれについて，4月期と10月期の各種サービスの利用者数の割合の平均を求め，4月期から10月期にかけての増減とともに表2-2に示した。なお，表中の割合は，民間企業（4月期：702事業所，10月期：964事業所），社会福祉法人（4月期：1476事業所，10月期：1,527事業所），医療法人（4月期：263事業所，10月期309事業所）を母数に百分率を算出している。

表 2-2 経営法人別の訪問介護サービス割合の変化

		4月期	10月期	増　減
家事援助サービス	民間企業	38.5%	35.8%	-2.6%
	社会福祉法人	48.6%	47.7%	-0.9%
	医療法人	40.8%	39.2%	-1.6%
身体介護サービス	民間企業	34.9%	34.0%	-0.9%
	社会福祉法人	37.7%	35.9%	-1.9%
	医療法人	42.1%	40.9%	-1.1%
複合型サービス	民間企業	26.6%	30.2%	3.6%
	社会福祉法人	13.7%	16.5%	2.8%
	医療法人	17.2%	19.9%	2.8%

・民間企業（4月期：702事業所，10月期：964事業所），社会福祉法人（4月期：1,476事業所，10月期：1,527事業所），医療法人（4月期：263事業所，10月期309事業所）を母数に百分率を算出

　表より，民間企業では，家事援助サービス利用者数の割合は2.6%減少，身体介護サービスは0.9%減少，複合型サービスは3.6%増加していた。次に，社会福祉法人では，家事援助サービス利用者数の割合は0.9%減少，身体介護サービスは1.9%減少，複合型サービスは2.8%増加していた。最後に，医療法人では，家事援助サービス利用者数の割合は1.6%減少，身体介護サービスは1.1%減少，複合型サービスは2.8%増加していた。

　本調査のデータにおいても，事業所全体の傾向として，家事援助サービスから複合型サービスへの転換が起こっていたことを確認することができた。この傾向は，経営法人別の分析においても確認されたが，各法人により，各種サービス利用者数の割合に特徴的な違いが認められた。

　民間企業は，3つのサービスの利用者数の割合にあまり違いがないのが特徴で，増減の数値から，家事援助サービスからの転換に最も積極的に取り組んでいたと推測できる。社会福祉法人の特徴は，10月期においても半数近くに達している家事援助サービス利用者数の割合である。また，身体介護サービス利用者数の割合も民間企業と変わりないレベルにまで減少してきており，サービス単価という観点だけからすれば，訪問介護サービス事業の経営状況は，3つ

の法人の中で最も苦しい状況であったことが推測できるが，おそらくは施設を基盤としたサービスなど訪問介護以外の介護サービスが，それを補っていたと考えられる。医療法人の特徴は，身体介護サービス利用者が占める割合の高いことである。この点が訪問介護サービス事業経営上の安定要因として機能していたと推測できる。

3) サービス提供地域による違い

経営状況の分析の最後に，サービス提供地域や経営法人による違いを検討する。民間企業，社会福祉法人，医療法人の3つの経営法人について，東京都，都市部，その他の地域の3つのサービス提供地域毎に，訪問介護サービス事業の収支が「赤字である」と回答した事業所の百分率を示したのが図2-6である。

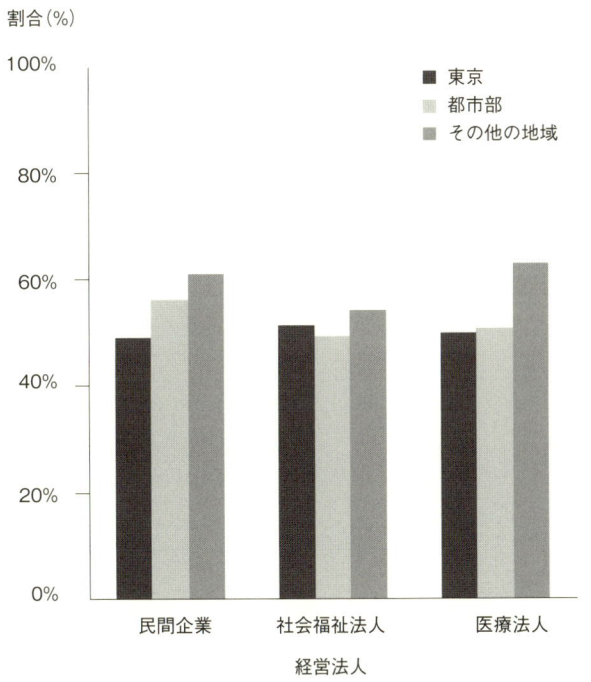

図2-6　サービス提供地域，経営法人別の「赤字」事業所の割合
・都市部，その他の地域それぞれの各経営法人の総数を母数に百分率を算出

なお，図中の割合は，東京，都市部，その他の地域それぞれの各経営法人の総数に占める割合を記載している。

民間企業では，その他の地域，都市部，東京都の順で，訪問介護サービス事業の経営状況が「赤字である」と回答した事業所の割合が高かったことがわかる。介護保険制度開始当初，新規参入の事業所が市場の潜在規模の大きい都市部に集中したことは先にも述べたが，図2-6の民間企業の経営状況を見る限り，全般的に低調とはいえ，都市部に参入した判断は，この時点では正しかったといえよう。

訪問介護サービス事業における都市部の経営上の利点の一つは，人口の集中による潜在的需要の大きさにあるといえよう。そこで，サービス提供地域によ

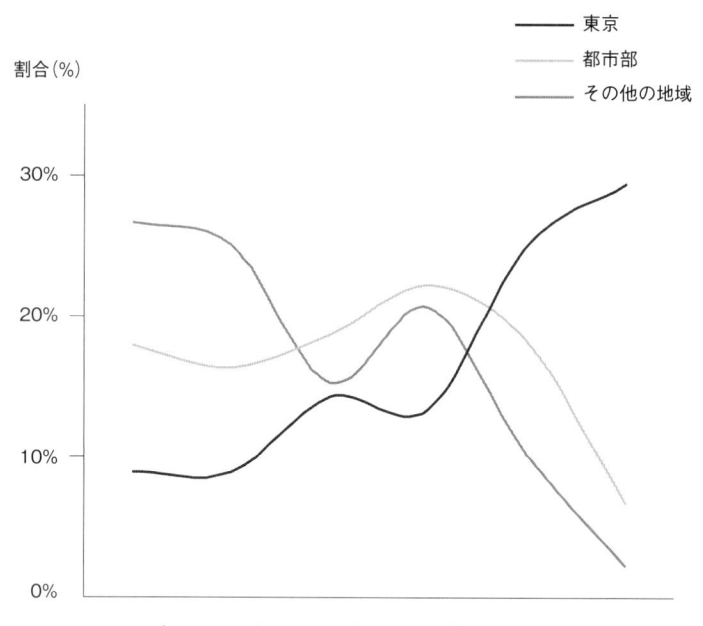

図2-7 サービス提供地域別の利用者数の分布

・東京，都市部，その他の地域それぞれの民間企業の総数を母数に百分率を算出
・連続データではないので本来は棒グラフで示すべきデータであるが，分布の違いの見やすさを考慮して，折れ線グラフを用いた。

る需要の違いを検討する目的で，10月期における民間企業の利用者数を「1 - 9人」～「100人以上」の6つのカテゴリーに分類し，各カテゴリーの事業所数の割合の分布を，サービス提供地域別に集計し，図2-7に示した。なお，図中の割合は，東京，都市部，その他の地域それぞれの民間企業の総数に占める割合を記載している。

東京都では，最も利用者数が多い「100人以上」のカテゴリーに分類された事業所が29.5%を占め，この点をピークにした右上がりの分布となっている。都市部では，利用者数「30 - 49人」のカテゴリーに分類された事業所が22.2%を占め，この点をピークにした逆U字の分布となっている。その他の地域では，最も利用者数が少ない「1 - 9人」のカテゴリーに分類された事業所が26.6%を占め，この点が全体のピークとなっている。分布は，中間の「30 - 49人」に緩やかなピークがあるが，全体として右下がりの分布となっている。

予想通り，東京都，都市部，そして，その他の地域の順に，一事業所あたりの利用者数が多くなっていた。この時期，訪問介護サービス事業の経営状況は全体としては低調であったが，その中で，東京都など都市部での民間企業の経営状況が，その他の地域を上回っていたのは，人口の集中による需要の大きさが，その一因であったことが，本調査データからも裏付けられた。

● 2-5 介護サービス事業の将来展望

1）今後の事業方針

介護労働者の確保状況，事業所経営の状況についてみてきた。介護保険制度施行後間もない時期の介護サービス事業が，さまざまな課題をかかえての船出であったことが，本調査のデータからも，あらためて明らかになったといえよう。では，最後に，この時期の介護サービス事業所が，将来の介護サービス事業にどのような展望をもっていたのか，データをもとに探ってみることにしよう。

介護サービス事業の今後の展開についてたずねた項目では，介護サービス事業を「拡大」していくと回答したのが1,926事業所（52.5%），「現状維持」と回答したのが1,448事業所（39.4%），「撤退・縮小」と回答したのが56事業所（1.5%），「未定」が107事業所（2.9%），「無回答」が134事業所（3.7%）であった。

34　第2章　介護サービス市場の創出と課題

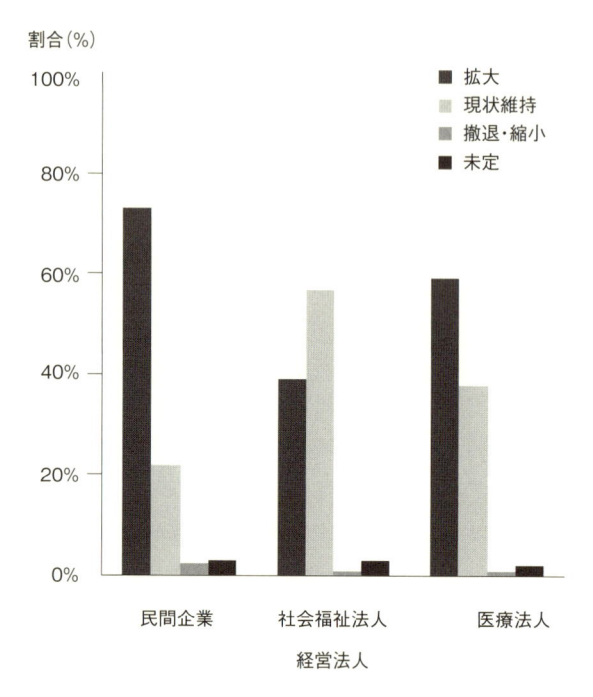

図2-8　経営法人別の介護サービス事業の将来展望
・各経営法人の総数を母数に百分率を算出

半数以上の事業所が，事業の拡大を予想，計画していたことになる。

　この結果を，民間企業，社会福祉法人，医療法人の3つの経営法人別に集計し，図2-8に示した。なお，図中の割合は，各経営法人の総数に占める割合を記載している。各経営法人で，「撤退・縮小」と回答した事業所は少数だったが，「拡大」していくと回答した事業所には，法人間に差があり，72.9%の事業所が「拡大」と回答した民間企業の積極的な姿勢が突出している。

2）重視する事業

　では，各事業所は，さまざまな介護サービス事業のうち，どのようなサービスの拡大を計画していたのであろうか。表2-3は，その他も含めた18の介護サービスのそれぞれについて，サービス提供を行っているかどうかをたずねた

項目の回答をまとめたものである。本調査は，訪問介護サービス事業者として登録されていた事業所を調査の母集団としているため，ほぼすべての事業所が（記入漏れなどもあり100%ではないが）訪問介護サービスを提供していた。次に提供している事業所が多かったサービスが居宅介護支援事業，以下，ディサービス，訪問入浴介護，ショートスティといった順となった。在宅サービスの3

表2-3 提供しているサービスと今後最も重視するサービス

	提供事業所		重視する事業所		
	事業所数	割合	事業所数	割合 A	割合 B
訪問介護	3566	97.1%	1496	40.8%	42.0%
訪問入浴介護	775	21.1%	94	2.6%	12.1%
訪問看護	532	14.5%	79	2.2%	14.8%
訪問リハビリテーション	175	4.8%	13	0.4%	7.4%
ディサービス	1249	34.0%	401	10.9%	32.1%
ディケア	310	8.4%	65	1.8%	21.0%
ショートスティ	739	20.1%	37	1.0%	5.0%
福祉用具貸与・販売等	649	17.7%	40	1.1%	6.2%
居宅介護支援事業	2466	67.2%	304	8.3%	12.3%
配食サービス	699	19.0%	23	0.6%	3.3%
外出介助・移送	570	15.5%	34	0.9%	6.0%
介護老人保健施設	200	5.4%	63	1.7%	31.5%
特別養護老人ホーム	516	14.1%	221	6.0%	42.8%
ケアハウス	166	4.5%	20	0.5%	12.0%
グループホーム	102	2.8%	70	1.9%	68.6%
有料老人ホーム	19	0.5%	12	0.3%	63.2%
ヘルパー養成講座	545	14.8%	7	0.2%	1.3%
その他	127	3.5%	16	0.4%	12.6%
無回答	44	1.2%	676	18.4%	

・提供事業所の割合は，全事業所数 3,671 を母数に百分率を算出
・重視する事業所の割合 A は，全事業所数 3,671 を母数に百分率を算出
・重視する事業所の割合 B は，そのサービスを提供している事業所数を母数に百分率を算出

本柱とされる訪問介護サービス，ディサービス，ショートスティ，さらに，在宅介護のポータルサービスである居宅介護支援事業を提供している事業所が多いのは，順当な結果だといえよう。

さらに，表に示した各種の介護サービスのうち，今後どのサービスを最も重視していくか（表2-3に示した18の介護サービスから1つを選択）をたずねた項目の結果を，あわせて表2-3に示した。表中の割合Aは，全事業所3,671を母数とした百分率である。重視すると回答した事業所の数が最も多かったのは，やはり訪問介護サービスであった。続いて，ディサービス，居宅介護支援事業，特別養護老人ホームなどを最も重視するサービスと回答した事業所が多かった。

表中の割合Bは，そのサービスを提供している事業所数を母数とした（たとえば訪問入浴介護であれば，そのサービスを提供している775事業所を母数として，最も重視すると回答した94事業所の百分率を算出している）。一般に，多くの事業所によって提供されているサービスほど重視すると回答する事業所も多くなるといえるが，提供している事業所数を母数とすることで，現時点でサービス提供を行っている事業所の数に関わらず，提供している事業所にとって重要度が高いと考えている介護サービスを明らかにすることができる。

割合Bに着目すると，最も割合が高いのはグループホーム，続いて，有料老人ホーム，特別養護老人ホーム，訪問介護サービス，ディサービス，介護老人保健施設となっていた。有料老人ホーム，特別養護老人ホーム，介護老人保健施設，そしてグループホームなど施設を基盤としたサービスが上位に名前を連ねている点が興味深い。

介護保険制度は，わが国の高齢者介護の柱を，施設サービスから在宅サービスに転換する制度改革であった。しかし，ビジネスとしての採算をとることを余儀なくされた介護サービス事業所にとって，訪問介護サービスを柱とする在宅サービスは，先の事業経営の項でみたように，この時点では，採算をとることが厳しい事業であった。

労働集約型の事業である介護サービス事業において，いかに効率的に人材を活用するかは，経営を左右する大きな要因である。サービス提供の場が特定の場所に限定される施設を基盤としたサービスは，効率化の余地があり，その見返りとしての利益を生みやすい。それに対して，ヘルパーが移動しながら個別

にサービスを提供する訪問介護サービスでは，1人のヘルパーが1日にサービス提供できる人数にはおのずと限界があり，移動時間なども含めて，効率化の余地はほとんどない。

この意味で，経営的視点に立てば，施設を基盤とするサービスを収益の柱にしようと考えるのは，自然な発想であろう。このような背景の中で，社会福祉法人は特別養護老人ホーム，医療法人は介護老人保健施設，そして，民間企業は有料老人ホームやグループホームといった施設を基盤としたサービスに採算を求めようとする流れが生まれたといえよう。この点について，たとえば，2000年12月19日付日本経済新聞において，「「訪問」から「施設」へ」という見出しで，「訪問介護に限界を感じ始めた企業が目をつけたのが施設を使った介護サービス。社会福祉法人の特別養護老人ホーム（特養ホーム）などはあるが，都市部では不足しているからだ」との記事とともに，グループホームや通所介護施設，そして，介護機能付きの賃貸マンションなどに事業展開する民間企業の例が紹介されている。

しかし反面，あくまで訪問介護サービスを主とする在宅介護を重視するという事業所の割合も高い。「措置」制度から「社会保険」制度へ，そして，さまざまな背景をもった組織が競う市場へと，介護サービス事業を取り巻く環境が激変したこの年，試行錯誤する事業所の姿を見て取ることができる。

3　介護サービス市場創出の年から現在へ

以上，介護保険制度施行後まもない時期に実施した調査の結果を基に，当時の介護サービス市場の実状と課題を主に事業所の視点からまとめた。今，あらためて振り返ってみると，介護保険制度ひいてはわが国の高齢者介護の課題の多くは，この年から今に至るまで変わっていないことがわかる。

たとえば，介護労働者不足の問題に対しては，行政ばかりではなく，介護サービス事業所も，口コミでの紹介に対して紹介料を払ったり[6]，自社社員に無料で資格取得のための講座を提供したり[7]，正社員への登用も含む能力評価制度を導入したり[8]するなど，さまざまな対策を講じてきた。介護保険制度導入当初，コムスンやニチイ学館など新規参入の大手企業による大々的な求人に

より，新しい雇用創出の場として一躍脚光を浴びた介護労働市場は，各企業の業績低迷や重労働，低賃金という労働条件が繰り返し報道される中で，急速に"輝き"を失っていった。現在に至るまで，介護の現場では，労働者の流出と就業希望者の減少への抜本的な対策を見出せずにいる。

また，生活援助（本章では，2000年当時の「家事援助」という言葉を用いたが）の介護報酬は現状のままでよいのか，その範囲をどう定義すればよいのか，あるいは，そもそも保険給付の対象とすべきなのかどうか，これらの問題は，介護事業所の経営的視点，介護保険制度が目指す介護の社会化の理念などをふまえて，今後さらなる議論がなされるべきであろう。

当時と今で，もし一つ大きく変わった点をあげるとすれば，それは，新制度のもと，介護サービス市場に参入していった事業者の将来展望であるかもしれない。介護従事者の不足，サービス利用の手控えなど，介護保険制度施行直後，介護サービス事業所を取り巻く環境は，大幅な需要増の見込める「成長産業」という期待とは裏腹に，市場に参入した数多くの事業所にとって厳しい現実を突きつけられる結果となった。また，マスコミも，この時期「介護ビジネスに苦戦する」事業所の姿をこぞって報道し，実際，本調査のデータにおいても，半数以上の事業所が，訪問介護サービスの収支を赤字であると回答するなど，事業所の多くが「苦戦」を強いられていたことは想像に難くない。

しかし，そのような中で，半数以上の事業所が介護サービス事業の拡大を志向していたという結果は，走り始めた介護サービス事業の先行きが，当時のマスコミの論調ほど暗いものではなかったことを示している。とりわけ，民間企業の積極的な拡大志向は，新しく創出された介護サービス市場への期待感が強く表れた結果であるといえよう。

長期的な視点に立てば，介護サービス事業への需要は，絶えることなく増大していくであろう。法制面での整備，需要のいっそうの喚起，さらに，経営やサービス提供におけるノウハウの蓄積を経て，介護サービス事業は将来的に必ず「見返りのある」事業であると考えている事業所が少なくなかったことを，この結果は伝えている。この意味では，「順風満帆」といえないまでも，介護保険制度施行直後の介護市場は，数多くの事業所が，期待感をもって参入を果たした市場だったということができるかもしれない。

しかし，介護保険制度が社会に定着した今，市場に参入していった事業者達の期待は，現実のものとなったのであろうか。あるいは，この期待感は，変わらず介護サービス市場にむけられているのであろうか。次章では，最初の大幅な制度見直しを終えたあとの介護サービス事業所の現状について論じる。

　注　記
1) 本調査は，日本労働研究機構（現，独立行政法人労働政策研究・研修機構）の研究プロジェクトとして実施されたもので，結果の詳細は，報告書として公刊されている（井手　亘・久保真人・堀田千秋（2002）．「訪問介護サービス事業の現状―「訪問介護サービス事業状況調査」結果報告書」　日本労働研究機構調査報告書（No.120））。なお，本章の執筆にあたっては，本章の目的にあった視点から，データの再分析をおこなった。
2) 最近の取り組みとしては，厚生労働省（2009）「福祉・介護人材確保対策について」（2009年 6 月）（http://www.mhlw.go.jp/seisakunitsuite/bunya/hukushi_kaigo/seikatsuhogo/fukusijinzai_kakuho/index.html）（2012 年 12 月参照）を参照いただきたい。
3) 現在は，「生活援助」という用語が用いられているが，本章では介護保険制度施行当初の用語である「家事援助」を用いた。
4)「日本経済新聞」2000 年 4 月 29 日付
5) 無回答や内容を誤解した回答などを除いたあとのデータ数は，4 月の利用者数については 2,962 事業所，10 月の利用者数については 3,394 事業所となり，各サービスの利用者数をたずねるなど，答えにくい問いであったせいか，他の項目よりも有効回答数は少なくなった。
6)「日本経済新聞」2001 年 7 月 5 日付
7)「日経産業新聞」2001 年 9 月 17 日付
8)「日経産業新聞」2001 年 5 月 11 日付

3 介護サービス事業経営の現状

: 2008 年実施の郵送調査,
自由記述データからの検討

久保真人

1 調査の概要

　この章で取り上げるのは，5年毎に見直しがおこなわれる介護保険制度の最初の改正（2005年6月）後に著者が実施した調査の結果である。調査は，2008年5月から2008年7月の期間，制度の改正，施行後2年以上経過した時期に実施した[1]。

　調査対象の選択にあたっては，各都道府県の人口をもとに，その人口規模が偏らないよう配慮した。総務省統計局公表の都道府県人口のデータ（2007年10月1日現在）より，人口1,000万を超える都道府県（東京都），500万を超える都道府県（北海道），200万台の都道府県5箇所（茨城県，京都府，新潟県，宮城県，福島県），100万台の都道府県5箇所（岡山県，愛媛県，青森県，岩手県，山形県），100万未満の都道府県5箇所（山梨県，佐賀県，福井県，徳島県，高知県）の計17都道府県を選択した。選択された都道府県のホームページ上に，2007年11月時点で訪問介護事業者として登録されていた9,505事業所を対象に，郵送調査をおこなった。調査にあたっての倫理的配慮として，調査の目的，データならびに結果を学術上の目的のみに利用すること，そして，回答者（事業所）の匿名性の保証などについて説明した書面を添付した。また，調査後，希望する事業所には，調査結果をまとめた報告書を郵送した。

　返送されてきた調査票のうち，欠損値の多いものを除いた回収調査票数は2,821票で，調査対象9,505事業所に対して，回収率は，29.7%であった。調査票には，あらかじめ選択肢が用意されていた項目と，特定のテーマについて自

由に記述してもらう項目とが含まれていた。本章では，自由記述欄に寄せられた介護事業所の意見を参照しながら，論を進めていく。

本調査の場合，後で述べるように，二つの自由記述項目を設定していた。この種の自由記述項目への回答は，テーマにもよるが，おおよそ全体の一割程度から何らかの回答があれば，熱心な回答をいただいたと判断するのが普通である。しかし，本調査の場合，一つ目の項目には729事業所から回答があり，二つ目の項目には1,028事業所から回答があった。最初の項目には全体の26%の事業所から回答をいただき，二つ目の項目には全体の36%の事業所から回答をいただいたことになる。これは，著者の経験上，"尋常でない"数字である。さらに，ほとんどの事業所が，数行にわたる回答を寄せていただき，中には，スペースが足りず別紙を用意し，回答いただいた事業所もあった。

この"尋常でない"リアクションは，それがそのまま事業所の声であり，今，介護サービス事業の現場が差し迫った状況にあることの何よりの証左であろう。本章で紹介できるのは，膨大な回答のうちのほんの一部に過ぎないが，回答の選択にあたっては，数多くの事業所の回答に共通していた，その意味で，一般性が高いと考えられる意見を中心に取り上げた。

2 事業所の基本特性

まず，本調査の分析対象となった2,821事業所の特性についてまとめた。表3-1は，2,821事業所の経営法人の内訳を示したものである。比較のため，本調査のサンプリングの時期と同時期（2007年10月）に実施された『平成19年介護サービス施設・事業所調査結果の概況』（厚生労働省，2009）の調査対象のうち訪問介護サービスを提供している21,069事業所の経営法人別の構成比もあわせて表3-1に示した。本調査では，厚生労働省の調査対象と比べて，民間企業の割合が若干低く，社会福祉法人の割合が若干高いという違いが認められるが，経営法人に極端な偏りはないと考えられる。本調査の分析結果は，調査対象を確定した時期の事業所の経営法人の分布を反映したものだといえるだろう。

事業所の提供しているサービス内容が，「在宅サービスが中心」「施設サービ

表3-1　経営法人の分布

	本調査		厚生労働省調査	
	事業所数	割合	事業所数	割合
民間企業	1343	47.6%	11392	54.1%
社会福祉法人 [1]	853	30.2%	5592	26.5%
医療法人	234	8.3%	1522	7.2%
NPO法人	182	6.5%	1242	5.9%
協同組合	86	3.0%	746	3.5%
その他	107	3.8%	575	2.7%
無回答	16	0.6%	0	0
合計	2821	100.0%	21069	100.0%

1）社会福祉協議会を含む

スが中心」「在宅サービスと施設サービスの両方が均等」の3つの選択肢のいずれに最も当てはまるかをたずねた結果，全事業所の88.4%にあたる2,494事業所が「在宅サービスが中心」と回答した．以下，「施設サービスが中心」と回答したのが113事業所（4.0%），「在宅サービスと施設サービスの両方が均等」と回答したのが194事業所（6.9%），「無回答」20事業所（0.7%）となった．都道府県のホームページ上に訪問介護事業者として登録されていた事業所を調査の対象としたため，主に在宅サービスを提供している事業所が大部分を占めた．

3　自由記述回答の頻度分析

● 3-1　介護報酬の配分について

　事業所から寄せられた個々の意見を紹介する前に，自由記述中で言及されている意見の頻度をカウントして，その数値から，どのような意見が多かったのか，全体の傾向について検討する．

　「介護報酬の配分の仕方（重点配分するサービスや対象，事業所評価との連動など）についてご意見があればお聞かせ下さい」という自由記述項目について，729事業所から回答があった．その回答を著者以外の二人に読んでもらった．一度全部の記述を読んでもらったあと，どのような内容のことが書かれてあったか，

二人の読み手で話し合い，まとまった単位の意見として44の意見を抽出した。次に，同じ二人の読み手に再度全部の回答を読んでもらい，それぞれの意見がどの程度の頻度で言及されていたかをカウントしてもらった。その際，一つの回答の中に複数の意見が言及されていた場合，それらを独立したものとしてカウントした。最終的に，二人の読み手の分類が一致したものだけを採用した。言及されていた件数が10件以上の意見を件数の多い順に表3-2に示した。

表3-2 「介護報酬の配分について」に寄せられた意見

順位	事業所の意見	件数
1	介護報酬が低い	97
2	生活援助の報酬が低い	74
3	在宅サービスの報酬が低い	72
4	事業所加算に対する不満	71
5	サービス提供責任者に報酬をつけるべき	50
6	訪問介護の報酬が低い	49
7	身体介護と生活援助の区分は不要	46
8	制度が実状にあっていない	44
9	事業所評価への疑問	43
10	介護予防の報酬が低い	42
11	行政機関の対応が悪い	40
12	情報の公表制度は不要	32
13	介護労働者が不足している	30
14	医療系サービスと報酬が違いすぎる	25
15	要介護度に応じた報酬配分が必要	16
16	地域特性による加算が必要	15
17	交通費も報酬に加算すべき	14
18	デイサービスの報酬が低い	13
18	土日祝などに対する加算が必要	13
18	サービスの質による評価が必要	13
21	生活援助の拡充を希望	11
22	ケアマネージャーの役割に疑問	10
22	サービスの質が低い	10

上位10個の意見の内，5つが「報酬が低い」というキーワードを含む意見であった。上位から順に見ていくと（括弧内は順位），「介護報酬が低い」(1)，「生活援助の報酬が低い」(2)，「在宅サービスの報酬が低い」(3)，「訪問介護の報酬が低い」(6)，「介護予防の報酬が低い」(10)となっている。同じ介護報酬でも個々のサービスに言及している場合は，個別に集計したため，このような結果となったが，「介護報酬が低い」という点で一括すると，圧倒的な件数となる。

先に述べたように，設問は「介護報酬の配分の仕方（重点配分するサービスや対象，事業所評価との連動など）についてご意見があればお聞かせ下さい」であったが，表3-2にまとめた意見を見る限り，重点配分など積極的な報酬配分を提案する意見は，「要介護度に応じた報酬配分が必要」(15)，「サービスの質による評価が必要」(18)のみであった。残りは，「サービス提供責任者に報酬をつけるべき」(5)や「地域特性による加算が必要」(16)など，介護報酬の上乗せを求める意見とともに，「事業所加算に対する不満」(4)や「身体介護と生活援助の区分は不要」(7)，「制度が実状にあっていない」(8)など，介護保険制度自体への批判的な意見が占める結果となった。介護報酬の設定やその背景となっている制度に対する，介護事業所の強い不満が表れた結果といえるだろう。

● 3-2 経営・雇用管理上の問題点について

「それ以外に，介護サービス事業に関する経営・雇用管理上の問題や提言，改善点などについて，ご意見やご感想をお聞かせください」という自由記述項目について，1,028事業所から回答があった。その回答から，先に述べた「介護報酬の配分について」の項目と同様な手続きを経て，49の意見を抽出した。言及されていた件数が10件以上の意見を件数の多い順に表3-3に示した。

先の設問と違って，経営・雇用管理上の問題全般についての設問だったので，多様な意見が寄せられた。その中でも（括弧内は順位），「介護労働者が不足している」(1)，「介護報酬が低い」[2)](2)，「介護労働者の賃金が安い」(3)の上位3つの意見は，数多くの事業所が言及していたものであった。介護報酬が低いので，賃金を安く設定するほかなく，その結果，現場から人がいなくなり，

表3-3 「経営・雇用管理上の問題点について」に寄せられた意見

順位	事業所の意見	件数
1	介護労働者が不足している	272
2	介護報酬が低い	248
3	介護労働者の賃金が低い	230
4	経営状況がよくない	118
5	制度が実状にあっていない	98
6	サービス提供責任者義務化への不満	96
7	行政機関の対応が悪い	82
8	介護への社会的評価が低い	78
9	事務作業が多い	68
10	制度が在宅介護重視になっていない	64
11	情報の公表制度は不要	62
12	介護労働者の研修が必要	49
13	資格重視の姿勢を改めるべき	45
14	介護労働者の資質に疑問	43
15	ケアマネージャーの役割に疑問	41
16	常勤雇用を可能にすべき	40
17	交通費も報酬に加算すべき	32
17	介護労働者の過重労働の改善	32
19	特定法人への優遇を改めるべき	31
19	介護予防制度を改めるべき	31
21	生活援助の報酬が低い	26
22	利用者ニーズに応えられない	25
23	地域特性へ配慮すべき	23
23	外国人雇用に不安	23
25	サービス内容の規制が厳しい	22
26	要介護度認定の結果に不満	19
27	大規模事業所拡大への懸念	17
28	不正を厳しく監視すべき	15
28	制度がわかりにくい	15
30	土日祝などに対する加算が必要	13
30	サービスの質による評価が必要	13
32	利用者確保が困難	12
33	医療系サービスと報酬が違いすぎる	11

介護労働者が不足している。まさに,介護現場の現状そのものであろう。

「制度が実状にあっていない」(5),「サービス提供責任者義務化への不満」(6),「行政機関の対応が悪い」(7),「情報の公表制度は不要」(11),「ケアマネージャーの役割に疑問」(15),「交通費も報酬に加算すべき」(17),「介護予防制度を改めるべき」(19),「生活援助の報酬が低い」(21),「地域特性へ配慮すべき」(23),「土日祝などに対する加算が必要」(30),「サービスの質による評価が必要」(30),「医療系サービスと報酬が違いすぎる」(33)といった意見は,先の設問でもあがっていた意見と同じか,ほぼ同じものであり,介護事業所の強い不満や要望が反映された意見だといえる。

4　介護サービス事業所の"本音"

● 4-1　介護労働者の不足

ここでは,筆者が,「介護報酬の配分について」,「経営・雇用管理上の問題点について」の二項目に寄せられた事業所の意見を読み,項目に関わらず,多くの事業所が強い不満とともに,その改善を切に訴えていた問題を取り上げる。以下の本文では,基本的に,調査票に書かれてあったそのままの文章を載せているが,先に述べたように長文の回答が多く,また,一つの回答が複数の問題に言及している場合もあり,全体の一部のみを紹介した場合も多い。また,わかりにくい表現や字句の誤りについては,筆者の判断で修正した。

まず,最初に取り上げるのが,最も多くの事業所が訴えていた介護労働者不足の問題である。

> 訪問介護員はとても質の高い能力を要求されますが,報酬がそれに反映されていない。サービスの質＝人材の質及び人材の確保の点から常勤雇用者を中心としており,かつその70％が自社において（ヘルパーとして働きながら）介護福祉資格取得致しておりますが,給料の金額をみると私経営者はかわいそうで涙が出ます。休日も世間のゴールデンウィークの10日間連休なんて夢の外。まちがいなく介護業界に良き人材は集まりづらい現状があります（民間企業,新潟県）。

安心して結婚し子供を育てられる賃金保障されない限り現場から人はいなくなる（現場から人がいなくなっていますよ）。事業所評価より従業者ひとりひとりの賃金アップを考えていただきたい（社団法人・財団法人，東京都）。

　ヘルパー募集を出しても電話一つかかってこない現実に募集することすら断念している事業所も多い。コムスン事件以来，ニュースでヘルパーの報酬の低さ，過労働が強調されすぎ，人材のふきだまりになってしまうことを懸念する（NPO，東京都）。

　労働に見合った賃金が得られないから現場から人がいなくなっている。介護が労働であり，仕事である以上，この流れを誰も止めることはできないだろう。まさに，「個人の努力ではどうしようもない」（民間企業，福島県）現実である。また，「メディアでも，必要性はあるものの，対価は安く，待遇も悪い，と報道されてしまうので，更に人手不足に拍車をかけてしまう」（民間企業，東京都）といった悪循環にも，現場は悩まされている。
　もちろん，介護労働者の待遇については，行政機関も含めた関係団体が，その改善に取り組んでいることは繰り返し報道されている通りであるが，ただ，行政（あるいは社会も含めて）と現場との間に，介護という仕事についての認識のずれを指摘する声もある。

　生活援助サービス1.5時間以上の算定はされていないが，役所の担当者は必要があれば1.5時間以上計画しても良いのですとまじめな顔をして発言しています。担当者は，1.5時間の報酬で必要とあらば2時間でも3時間でも働くのでしょうか？　必要な方に必要なサービスをして，報酬が得られないのは納得できません（NPO，北海道）。

　ボランティア精神で会社をつくりましたが，もたないと思います。ボランティア精神がなければ辞めればいいと役人の人に言われたこともありますが，そんなものでしょうか。民営化されても意味なくないですか？とくべつ儲けるつもりはないですが，まず，スタッフが食べられなくなり

ます（民間企業，愛媛県）。

　介護は，人の命や生活と直接関わる仕事であるため，"ビジネス"としての側面が強調されすぎると，多くの人が違和感を覚えるであろう。また，介護サービス事業に携わっている人たちの中には，いわゆる「金儲け」よりも人の役に立ちたいと考えている人が多いことも想像できる。ただ，だからといって，介護という仕事を割に合わない低報酬で一部の人に押しつけてしまってよいはずはない。「訪問介護の報酬算定は他業界の算定に比べ現実無視の上に成り立っている」（民間企業，茨城県）との意見もあり，介護サービス事業をビジネスとして成立させることが，介護保険制度が目指す「介護の社会化」の前提条件であることを，社会があらためて認識しておかなければならない。

　　いまだ，利用者さんの感覚は「お手伝い」「女中」であり，ヘルパーにこのような扱いをされるなかで，プライドを持って，仕事に臨むことは，情緒的に困難な事であり，モチベーションを持続しがたく，ヘルパーの定着の阻害要因となっております（社会福祉法人，東京都）。

　　規制も多く，本当につまらない仕事になってしまっている。よい人材が集まるわけがないです。自由裁量の部分が多く，工夫ができてこそ，人は働く意欲をもつことができると思います（NPO，東京都）。

　金銭的な処遇以外にも，介護の現場から人がいなくなっていく理由について，さまざまな意見が寄せられていた。ページ数の関係から，ここではそのすべてを紹介することはできなかったが，急速に高齢化が進むわが国において，最も危惧される問題は，「誰が介護を担うのか」という問であることは間違いない。

● 4-2　生活援助サービス

　介護労働者の不足に続いて多かったのが，生活援助サービスへの評価に対する意見であった。そのほとんどは，報酬単価の低さと生活援助に対する行政側と現場の認識のずれを指摘するものであった。

訪問介護の身体介護と生活援助の報酬の差が大き過ぎる。現場では生活援助の方が，サービス内容が多様で，個別性も複雑で対応に苦慮することが多い。それが，約1／2の単価というのは納得できない。生活援助で関わっていても利用者の心身，生活全てを見ながらサービスにあたっている。ヘルパーは家政婦では無いと常に言われながら業務を行っているが，この報酬の差は制度そのものが，ヘルパーの生活援助を認めていないと思う。このままでは人材確保，質の向上につながらない（社会福祉法人，新潟県）。

　訪問介護において，身体介護・生活援助の報酬単価の差をなくし，1本化するべき。生活援助が楽で，身体介護が大変とか，より高い技能が必要，というのは現場の認識とはズレがあるように思う。家事の方法にはより個別的な対応が求められるため，各利用者に合わせた生活援助を提供する方が，身体介護よりもよっぽど高度なスキルを求められる，と感じることも多い。こうした現場のヘルパーの認識と制度のズレがモチベーションの低下につながっている（民間企業，東京都）。

　生活援助＝家事代行のようにとらえられているが，ヘルパーの働き掛けにより，やる気力を取り戻したり，ヘルパーに教わりながら調理を一つひとつ覚えようと前向きな利用者を見てほしい。精神的自立を支援する時に生活援助がいかに有効であり，必要であるか認めてもらいたい。生活援助を軽く扱わないでもらいたい（社会福祉法人，宮城県）。

　これらの意見では，生活援助こそが訪問介護サービスの真髄であり，ヘルパーの技能が試される場であるのに対して，報酬面で，家事代行程度の低い評価しかなされていないことへの強い不満が示されている。また，行政側の家事援助サービスに対する低い評価が，そのままヘルパーの社会的評価に結びつき，「1時間あたり200円の利用者負担金で，「掃除全搬」ができると，利用者はヘルパーをお手伝さん扱いしてしまう」（医療法人，北海道）というように，利用者側の意識にも影響していることを指摘する意見もあった。

訪問介護サービスの中で，特に生活援助サービスの報酬は低く抑えられている。この意味で，生活援助サービスの報酬単価の引き上げを求める声が強いのは当然である。「生活援助の報酬は，1時間2,000円です。どんなサービスでも，行政機関による，監視・規制と見合う報酬ではない」（民間企業，北海道）というように，生活援助サービスについて，人件費などのコストに見合った報酬単価を早急に検討することが，介護サービス事業所の経営はもとより，介護労働者の処遇を改善することにつながるであろう。

しかし，生活援助サービスの単価が低く設定され，その利用も制限されている（本文では取り上げなかったが，生活援助サービスの利用制限についての意見も多く寄せられていた）のは，生活援助サービスへの給付が増大することへの懸念であり，それはとりも直さず，保険料や税金の引き上げに直結し，制度の持続性への大きなリスク要因となり得るからである。生活援助サービスの見直しは「諸刃の刃」でもある。

この意味では，生活援助サービスに限ったことではないが，サービスの必要な利用者と不要な利用者をみきわめて，適切なケアプランを策定するサービス発給のゲートキーパー的役割が重要となってくる。介護保険制度で，その役割を担うのがケアマネージャーであるが，その制度上の位置づけや機能についても多くの意見が寄せられた。

● 4-3　ケアマネージャー

ケアマネージャーは，35件[3]という上限管理がなされているのでどれだけ優秀な方でも35件の要介護者へのケアプランしか立てることができない。1件当たりの報酬は介護度によって違うが凡そ1件1万3千円であるので平均して35件を11,500円とすると40万程度となる。つまり，ケアマネージャーはどれだけ頑張っても年収480万程度しか収入がえられないということとなる（事業所の収益の100％を給与としたとしても）。これで優秀な人材がケアマネージャーをやろうと思うだろうか。年取っても，経験をつんでもせいぜい500万円の年収では，やる気になれないのではなかろうか（民間企業，東京都）。

在宅サービスの中核をなす「訪問介護」と「居宅介護支援事業所」の単位を上げる必要があります。特に居宅介護支援事業では，ほとんどの事業所が赤字です。それを他のサービス事業所での利益で賄っているに過ぎません。また居宅とサービス事業所が同一法人を認める自体がナンセンス。言いたいことは山ほどある（民間企業，東京都）。

利用者が，自分に必要なサービス，適切なサービス提供先を選択する上で，重要な役割を演じるのがケアマネージャーであり，その独立性は，介護保険制度の前提となっている。しかし，居宅介護支援事業だけでは，経営は成り立たず，居宅介護支援事業以外の事業で，その穴埋めをしているのが実状である。このことが，ケアマネージャーの資質，そして，ケアプランの妥当性への疑義をなげかける。

ケアマネージャーの在り方も大きな問題。❶自分の系列にしか，利用者を回さない。❷条件の良い人（手のかからない，利用回数が多い等）は，全部自分の方へ取り込む。❸条件の悪い人（手がかかる，利用回数が少い）は，ライバルではない冷細事業者に，押しつける（民間企業，京都府）。

介護支援専門員を独立した機関に吸収すべきである。各事業所に置く事によりその事業所の利益が優先となり，利用の必要ない利用を実施しているのが現状である（民間企業，山形県）。

現状では，ケアマネージャーに，公平な立場で，保険料と税金によりまかなわれている介護サービスのゲートキーパーの役割を期待することは難しい。また，利用者のサービス選択の適切な助言者となりえているかという点においても，疑問のあるケースが少なくないかもしれない。いずれにしろ，介護サービスの発給に関わるゲートキーパーが不在である以上，制度の健全性を守るために，行政の監視と規制による厳格なルール設定が必要ということになる。ただ，最初にルールありきの現状が，必要な人に必要なサービスを提供する上で支障となっていないか，先の項で述べた生活援助サービスの問題も含めて，議論の

余地が大いにあると考えられる。

● **4-4 介護サービス情報の公表制度**

　介護サービス情報の公表制度とは,「利用者が介護サービスや事業所・施設を比較・検討して適切に選ぶための情報を都道府県が提供する仕組み」[4]であり, 情報はインターネット上で公開される。利用者による介護サービス（事業者）の適切な選択の前提となる情報を公開することを目指したものであるが, 事業所からは, 多くの批判的な意見が寄せられた。

> 「情報の開示」の名目で高い金額を支払っているが,「情報の開示」を利用してサービスの申し込みをして頂いた介護支援専門員及び利用者はいない（その他の法人, 岩手県）。

> 毎年くる情報公表調査には非常に疑問である。調査員が介護の現場を知らない。多くのムダと思われる書類の用意を強いられる。半日以上4時間以上を調査員2名の指導を受けなくてはならない。当事業所がこれだけ力を入れている研修, 記録, ケアについては何も触れずに, どう考えても利用者, 事業所には不必要なことばかりの調査は, こんごどうするのか, どうしたいのか？　毎年,（都に）15万以上を支払っている（民間企業, 東京都）。

　本章を執筆している時点で, 行政も, この制度への現場の批判が強いことに配慮し, 次期制度改正時に制度を見直す方向で検討に入っている[5]。しかし, 情報の公表制度自体は形を変えて継続される見込みである。
　そもそも, この制度の目的は,「利用者が介護サービス事業所に関する情報を入手し, 活用することで, 主体的に適切な介護サービス事業所を選択することができ」, その結果,「利用者の選択が適切に機能することで, 介護サービス事業所においてはサービス改善への取り組みが促進され, サービスの質による競争が機能する」[6]ことである。そして, この利用者の自由選択による事業者の淘汰のプロセスこそが, 介護保険制度の制度設計の理念であり, サービス

の質と制度の持続性という異なる目的を同時に達成する要件でもある。しかし，現状では，利用者の選択を決定するのは，前述したケアマネージャーからの助言であり，いわゆる地域の口コミ情報である。

　　限られた財源を必要な部分に使うということが重要であり，ムダは排除するべきです。最たるものは「情報公開制度」。あの意味の無い情報を見て事業所を選定している利用者がどれくらいいるのか。当地域では皆無です。即刻廃止するべき制度と思います（NPO，北海道）。

情報公表の重要性を否定するわけではないが，「限られた財源を必要な部分に使う」とすれば，まず取り組むべきは，ケアマネージャーが，利用者の立場に立って，必要なサービスと良質な事業者を助言できるような環境整備なのではないだろうか。さらに，情報の公表制度に対しては，「制度が天下りのために利用されている」（民間企業，山梨県）というような意見も多くあった。このような疑念が取りざたされていること自体，この制度の存在意義について，多くの現場関係者が疑問を感じていることの証左であろう。「情報公開そのものの考え方は正しい方向」[7]だから制度を存続させるという消極的な理由ではなく，この制度が本当に利用者の選択に役立つものなのか，あるいはそうなるためにどのような制度改革が必要なのかを議論した上で，制度の存続を決定すべきであろう。

● 4-5　サービス提供責任者

　サービス提供責任者とは，利用者やその家族との面談を通じて，訪問介護サービスの具体的な計画を策定するとともに，サービス開始後は，状況をモニターしながら，計画の評価と必要に応じた修正をおこなうなど，事業所と利用者との間で円滑なサービス提供がおこなわれるようマネジメントする役割を担っている。また，それ以外にもヘルパーへの指導やサービス担当者会議への出席など，数多くの業務をこなさなければならない。事業所のサービス提供時間や訪問介護員の数に応じて設置することが義務づけられているが，本調査がおこなわれた時点では，この仕事に対する介護報酬は設定されていなかった。

サービス提供責任者が行う業務（介護計画書，等）に報酬を希望します。❶契約，❷アセスメント，❸介護計画作成，❹サービス手順作成，❺ヘルパー選び，❻担当者会議出席，❼初回ヘルパー同行指導，❽ケアマネへの連絡，まだまだありますが，現在報酬は0円です（民間企業，東京都）。

介護サービス事業に関して，書類等の作成がどんどん要求されるが，報酬はない。サービス提供責任者（ヘルパー）も10人に1人は必要だと思うが，報酬がない為，訪問に出て利益を上げなければならない。それを行うと書類作成がたまってしまう。だんだん経営が苦しくなっていきます（社会福祉法人，愛媛県）。

行政も，現場からの要望に応える形で，平成21年度介護報酬改定から，サービス提供責任者にとって特に負担となる初回と緊急時の対応などに対して，介護報酬が認められるようになってきた。先に述べたように，サービス提供責任者は，事業所と利用者との間で円滑なサービス提供がおこなわれるようマネジメントする役割を担っているが，では，文字通りその名を冠したケアマネージャーとの関係はどうなっているのだろうか。

サービス提供責任者について申し上げたいです。初め国はヘルパーさんでいいのですよ，空いた時間で書類を書いてもらえばと軽い乗りでした。現在はまるでケアマネさんですかと思う位，書類の数が増えて，ヘルパーをしながら書ける程楽ではありません。当社の様に訪問，居宅2本立の会社だと両方見れるので解りますが，ケアマネージャーと同じ様に沢山の書類を作成し，印を利用者に毎月ヘルパー，ケアマネがもらうように印をもらいに行きます（利用者は，なぜ何人もくるの，責任者の名刺を見て貴女は偉い人なのねと混乱しています）。二重構造になって来ています。ケアマネか，サービス提供責任者どちらかにして下さい（民間企業，東京都）。

上の意見にもあるように，ケアマネージャーひとりでは，とても介護サービスをマネジメントしきれないので，その役割の一部を事業所のサービス提供責

任者に委ねているという構図になっている。もちろん，現状では大きな負担となっているサービス提供責任者の業務に報酬が認められたことは歓迎すべきことであるが，見方を変えれば，サービス提供責任者の介護報酬が認められ，その存在がシステムの中に組み込まれた[8]ことにより，介護計画の責任者が誰なのか，一層わかりにくくなってきたといえるだろう。さらにいえば，利用者の立場に立って必要なサービスを考え，助言する人とサービスを提供する側の独立性が，さらに不透明となった感はいなめない。

● 4-6　介護予防・自立支援

　2006年度の介護保険制度見直しでは，制度利用者の自立度の低下や介護保険給付の増大を背景として，予防重視型システムへの転換が図られた。そのための制度改正として，要介護区分が見直され，要支援1ならびに要支援2という区分が新設され，この「要支援者」を対象に介護予防給付が設けられた。新たに始まった介護予防サービスならびにその目指すところである自立支援に対して，事業所からさまざまな意見が寄せられた。

　　　要支援の利用者に対する介護予防サービスの定額性は，事業所サイドの経営を悪化させる大きな要因といえます。保険者は，基本的に利用者の希望する時間・回数を提供するよう指導しておりますが，生活援助の単位を下まわる報酬となる時もあり，再検討を望みます（協同組合，東京都）。

　　　介護予防の報酬について週2回利用の方だと，1ヵ月で8～9回利用される。どう考えても（−）になることわかっていても提供せざるを得なくなる。こういう方を何人もかかえてしまうと経営上とても困難になる（民間企業，山形県）。

　意見の中で最も多かったのが，介護予防給付の定額制が事業所経営を一層苦しくしているというものであった。中には，「いっそのこと，予防事業は国，地方自治体で行って，介護サービスは各事業者に行なわせるとしたらどうか。採算が合わないことを国が放棄しているだけであると思う」（社会福祉法人，北

海道)という厳しい意見もあった。
　また，予防給付の新設に代表される予防重視型システムが効果を上げているのかどうか，しっかりとした検証が必要であるとする意見とともに，介護予防，自立支援といった目標が達成された場合の事業所側のインセンティブについての意見も数多くあった。

> 　訪問介護事業（ヘルプサービス）において，計画・目標に自立を目指し，サービス時に実施，努力した結果，成果が見られ再申請に介護度が軽くなったとしても評価対象（付加報酬）とされず，サービス回数の減少等により事業経営，ヘルパーへの給与も減少となるのが現状であります。ヘルプサービスの目的達成へのインセンティブもあってしかりと考えます（民間企業，福島県）。

　事業所の努力により要支援度が維持，改善された場合は，事業所加算として評価される仕組みがあるが[9]，要介護度については，報酬面で評価されることはない。「誠実なケアのもと重度から軽度にと成果をあげると，介護報酬が下がってしまう現状に絶対納得できない」（民間企業，佐賀県）との声も聞かれ，予防重視を打ち出した介護保険制度の理念に照らしても，要介護度が改善した場合，何らかの形で事業所に還元される仕組みが必要だと考えられる。

● 4-7　その他（制度への要望）
　介護保険制度は保険料，税金を原資としているため，制度の理念に照らして，適切な運用がなされているか，行政による規制や監視が必要であることはいうまでもない。その意味で，介護保険制度のもと提供されるサービスにも一定の枠組が必要であり，それを逸脱してサービス提供がおこなわれた場合，公的な資金を使うことへの社会的理解が得られにくいケースも出てくるであろう。しかし，事業所からは，一定の歯止めは必要なものの，現状の規制は，あまりに固定的で，いたる所で，現場の状況と制度との乖離が起こっているとの指摘があった。そのうちいくつかの指摘を紹介する。

身体介護・生活援助を分けることに無理がある。訪問して顔を見て会話をしてというのが訪問介護の活動意義の真随であり訪問毎に状況変化がある状況下で，計画通りの活動を強いることは，サービス低下の大きな要因となっている。利用者無視の，極めて机上の論理に基づく活動を要求され，本来の利用者本位のサービス提供ができないので困っている（NPO，京都府）。

　地方都市で特に山間部をかかえているので，地域に合った訪問介護サービスをつくる必要があると思います。たとえば，「訪問先の外周のそうじはしてはいけない。」とありますが，山間部では，秋には落葉が沢山あり，足を落葉ですべり骨折をする事が多々あります。ヘルパーも骨折予防の為に，外周そうじをしたのが，包括支援センターの知る所となり市の介護保健課よりおしかりを受けました。必要性を説明してもだめでした（民間企業，徳島県）。

　通院介助の場合は，病院についた時点で介護サービス算定からはなれる。病院内は，病院でサービスしてもらう，いわゆる算定時間の中抜きとなったのでヘルパーは一旦病院から帰社し，診療が終わり次第また迎えに行くという現実離れした事態が生じている。実際は帰社できないことが多い（民間企業，東京都）。

　特定事業所加算について一言いわせてください。介護保険の制度上，納得できないことがあります。特定事業所加算には三つの算定要件がありますがそれぞれの要件を満たしていると思った事業所は，申請をして指定を受けることになりますが，弊社でも算定用件（Ⅲ）での申請の準備にかかろうと思った矢先，思わぬ事態に愕然としたのです。それは給付の10パーセント加算してもらえると喜んだのですが，そんな単純なことではなく，その9割を国が支払い，残りの1割については利用者に負担を強いることになります。これを説明してお願いすることは非常に困難であり，多くのケアマネが説明に二の足を踏むということでした。結局，ケ

アマネも利用者も加算のつかない事業所を希望することは当然であり，現行の利用者も離れ，元も子も失ってしまうという結論に至り，未だ，実行するには至っていない状況です。特定事業所加算を受けられる基準のハードルは，どんなに高くなっても努力を惜しみませんが，これ以上，高齢者にまで負担はかけられません。これが，たとえ9％，5％の加算であっても，国からだけの加算にして欲しいのです。取れそうでいて，現実には取れないような制度に疑問を感じます（民間企業，東京都）。

5　終わりに

　2つの自由記述項目，のべ1,757事業所からの意見に目を通し，その一部を紹介した。多数の事業所から寄せられていた意見を中心に紹介したが，ページ数の関係で割愛せざるを得なかった意見も数多くあった。「走りながら考える」介護保険制度の試行錯誤に，もっとも振りまわされているのが介護事業所であり，介護労働者であろう。これが，すべての意見を読み終えたあとの率直な感想であった。制度の制定や運用に関わる行政側の人間はもちろんのこと，社会全体が，介護サービス発給の現場の実情を知り，関係者とともに，最後まで充実した人生が送れるような社会とそれを支える制度の枠組みを，一日も早く創り上げられるよう努力を続けていく必要があろう。世界中のどの国よりも早いペースで高齢化が進むわが国には，もう引き返す時間はない。

注　記
1) 本調査は，「介護事業所の人的資源管理に関する継時的調査研究」（基盤研究（C），研究代表者：久保真人，課題番号：19530527）の一環としておこなわれたものである。
2) 2012（平成24）年度の介護報酬改定により，「介護職員の処遇改善の確保，介護事業者の経営状況等を踏まえ」，在宅で+1.0％，施設で+0.2％の増額がなされた。
3)「指定居宅介護支援等の事業の人員及び運営に関する基準」には，ひとりのケアマネージャーが担当できる件数は35件と明記されている。ただ，これ以外に介護予防支援のケースを担当することができる。

4) 厚生労働省「介護サービス情報の公表制度」(http://www.mhlw.go.jp/seisakunitsuite/bunya/hukushi_kaigo/kaigo_koureisha/kouhyou/index.html)（2012 年 12 月参照）．
5) 2012（平成 24）年度からは，事業者からの不満が多かった手数料の徴収をやめ，毎年義務づけられていた調査員による訪問調査を原則廃止した．公表情報は事業者がインターネットから直接入力できるようになり，公表情報の表示方法も，利用者の見やすさの観点から変更された．
6) 厚生労働省（2010）「第 33 回社会保障審議会介護保険部会資料（2010 年 9 月）」(http://www.mhlw.go.jp/stf/shingi/2r9852000000sj2d.html)（2012 年 12 月参照）．
7) 同上
8) 2012（平成 24）年度からは，サービス提供責任者の資格要件が厳格化され，ヘルパー 2 級資格のサービス提供責任者をおいている事業所では，訪問介護報酬が，一定割合減額される．
9) 厚生労働省（2010）「第 63 回社会保障審議会介護給付費分科会資料（2008 年 12 月）」(http://www.mhlw.go.jp/shingi/2008/12/s1226-5.html)（2012 年 12 月参照）．

4 介護保険と地域包括ケアシステム

佐藤卓利

1 はじめに

　2012（平成24）年度からの介護保険制度改正に関わって，厚生労働大臣の諮問機関である社会保障審議会介護保険部会は「介護保険制度の見直しに関する意見」（2010年11月30日）を公表した。この「意見」は，「平成24年度から始まる第5期介護保険事業計画に向けて，当面必要となる法改正事項を中心に，意見書としてとりまとめる」（3ページ）と述べているが，本章では，そこで強調されている「地域包括ケアシステム」という概念について，介護保険との関連・位置づけを吟味したい。というのも「地域包括ケアシステム」の提起は，「当面必要」であるというよりも，これからの私たちの生活を支える仕組みに関わる根本的な課題を投げかけていると考えるからである。

　第1章では，「介護の社会化」を期待されて作られた介護保険の10年後の現状についてみた。そこでは，市場メカニズムの導入と厚生労働省による介護給付費抑制の矛盾が，介護保険のサービス需要者（利用者とその家族），供給者（事業者と労働者），運営者（市町村）のそれぞれに困難を生じさせている実態を点描した。この章では，「地域包括ケアシステム」が，なにゆえ「介護保険制度の見直し」において強調されるのか，その背景と狙いを明らかにし，介護に焦点をしぼり地域福祉のあり方について考えたい。

2 地域包括ケアシステムの提起

● 2-1 「自助・互助・共助・公助」?

　地域包括ケアシステムについては，田中滋・慶応義塾大学大学院教授が座長を務める「地域包括ケア研究会」が，「地域包括ケア研究会報告書―今後の検討のための論点整理」（平成20年度老人保健健康増進等事業，2009年5月）で議論のまとめを行っている。ここでは，まずその内容を紹介しながら「論点整理」で提起された地域包括ケアシステムの狙いについて考えたい。

　その定義について，「論点整理」は次のように提案している。それは「ニーズに応じた住宅が提供されることを基本とした上で，生活上の安全・安心・健康を確保するために，医療や介護のみならず，福祉サービスを含めた様々な生活支援サービスが日常生活の場（日常生活圏）で適切に提供できるような地域での体制」（6ページ）である。別の言い回しをすれば，「地域における医療・介護・福祉の一体的提供（地域包括ケア）の実現」（1ページ）に向けて，「自助・互助・共助・公助」のそれぞれの仕組みをうまく組み合わせることである。

　「自助・互助・共助・公助」について，「論点整理」の注でそれぞれ定義が与えられている（3ページ）。

- 自助：自ら働いて，又は自らの年金収入等により，自らの生活を支え，自らの健康は自ら維持すること。
- 互助：インフォーマルな相互扶助。たとえば，近隣の助け合いやボランティア等。
- 共助：社会保険のような制度化された相互扶助。
- 公助：自助・互助・共助では対応できない困窮等の状況に対し，所得や生活水準・家庭状況等の受給条件を定めた上で必要な生活保障を行う社会福祉等。

　「論点整理」の問題意識は，地域の現状をみると「自助・互助・共助・公助」の連携がうまく機能していないということである。「地域内には介護保険関連サービス（共助），だけでなく，医療保険関連サービス（共助），住民主体のサー

ビスやボランティア活動（互助）等，数多くの資源が存在している。地域包括支援センター等が創設されたものの，地域におけるこれらの資源は未だに断片化されており，有機的に連動して提供されているとは言えない状態にある」（5ページ）と述べている。

　この「論点整理」にいち早く注目したのが，日本経済新聞のコラム「社会保障ウオッチ」（2009年7月4日）であった。このコラムでは，「互助という言葉が厚生労働省の介護保険制度関係の文章の中で出てくるのは初めてではないか」との長谷川憲明・関西国際大学客員教授のコメントを紹介しながら，「「共助」の代わりに「互助」」と行政側にいわれるのは違和感が漂うと述べている。

　というのも，介護保険は「共助」として位置づけられているが，その介護保険は給付費総額が年々拡大し（制度開始時の3.6兆円から倍増して7兆円を超える額に達している），給付費の抑制を厚生労働省が強く意図するようになっているからである。そして2012（平成24）年度には介護保険と医療保険の同時改定が行われ，給付費の抑制強化・保険料の値上げと裏表の関係で，「自助」とともに近隣の助け合いやボランティアのような「互助」が強調されることには，警戒心を強めざるを得ないからである。

● 2-2　介護保険は公的介護保険である

　また，介護保険を「共助」と位置づけることに対しても異論が上がっている。白澤政和・大阪市立大学大学院教授は，「介護保険制度を医療保険同様に「共助」と位置づけていることに違和感を持つ」と述べている。なぜなら「介護保険制度は公的責任が強い制度であり，「公助」と位置づけられてきた」からであるとして，「介護保険制度には国や自治体の責任が大きいことを確認し，公的責任から撤退するかのような雰囲気は避けなければならない」と主張している（「シルバー産業新聞」2010年9月10日）。

　白澤教授がいうように介護保険は，公的介護保険（public long-term care insurance）であることをあらためて確認する必要があろう。介護保険は，社会保険制度による介護の公的保障である。公的であることは，まず何よりも給付額の半額が，国や自治体からの税財源によって負担されていること，40歳以上の国民（主婦等の被扶養者を除いて）に加入が強制されていること，保険料

が大まかではあるが所得に応じて段階的に設定され所得の再分配機能が組み込まれていることなどに反映されている。

　もちろん社会保険一般がそうであるように，介護保険も「社会」的性格と「保険」的性格を併せもち，両者は矛盾し合う。前者は扶助原理（つまりともに社会の構成員であることの自覚にもとづき富者が貧者を助けること）に支配される。後者は貢献原理（つまり拠出に見合う給付，より多い拠出にはより多い給付，したがって拠出しなければ給付されない）に支配される。介護保険の導入に際して強調された「社会連帯」とは，前者を貫く扶助原理の発現であり，それは究極的・理念的には累進税を財源とする公的介護保障となるべきものである。

　しかし現実には，社会的・政治的状況により「妥協」が図られる。介護保険も「妥協」の産物であり，「妥協」の水準は，財政の負担割合（総費用の1割を自己負担，残りの9割を保険料と税で折半）に示されている。「妥協」の産物とはいえ，国と自治体が税を投入し，その運営に責任を負うことで，介護保険の公的性格を担保している（もちろん，その公的責任は，財政的側面に限られるものではないが）ことは間違いない。

　したがって介護保険が公助ではなくて共助であるというのは，その社会的性格・扶助原理を否定し，保険的性格・貢献原理による運営でよいということになる。この考え方に立てば，介護保険は原理的には民間保険と異ならない。介護保険を共助と定義づける「論点整理」の考え方は，社会保険と民間保険（共済組合のような非営利団体など）を混同している。共助が保険の仕組みを含むとすれば，それは「社会保険」ではなく「民間保険」のような制度化された相互扶助であると定義されるべきである[1]。

3　なぜ自助・互助が強調されるのか

　「論点整理」は，介護保険を共助の仕組みであると言い張ることで，その公的性格を無視あるいは軽視し，その財政や運営に関わる国や自治体の責任を後退させる意図があるのではないかと疑わざるをえない。公的責任の後退によってやせ細り，骨と皮だけになってしまった介護保険を，外から肉づけしようとするのが自助や互助の強調ではないのか。

　「論点整理」は，「自助や互助は，単に，介護保険サービス（共助）等を補完

するものではなく，むしろ人生と生活の質を豊かにするものである」(7ページ)というが，先の日経新聞のコラムがいうように，このようなことを行政からいわれると，違和感だけではなく，胡散臭さも感じる。「学習する文化」の醸成だとか，「学びのプロセス」の構築だとか (7ページ)，言葉としては美しいが，そのようなものは上から啓蒙されるようなものではないであろう。

　もっとも「地域包括ケア研究会」は，厚生労働省の国庫補助事業である「老人保健健康増進等事業」として採択され，三菱 UFJ リサーチ＆コンサルティング株式会社が運営を請け負い，そのメンバーには国の役人は入っていないから，その「論点整理」は行政からのものでも上からのものでもないと，そのメンバーの方々は主張されるかも知れない。しかし，最初に述べたように「論点整理」が打ち出した地域包括ケアシステムは，厚生労働大臣の諮問機関である社会保障審議会介護保険部会による「介護保険制度の見直しに関する意見」(2010年11月30日)の中で，「見直しの基本的考え方」として，しっかり取り入れられている。やはり「論点整理」は，行政からの提起であるとみなしてよい。

　「意見」で示された「見直しの基本的考え方」は2つある。❶「日常生活圏域内において，医療，介護，予防，住まい，生活支援サービスが切れ目なく，有機的かつ一体的に提供される「地域包括ケアシステム」の実現に向けた取組みを進めること」。❷「給付の効率化・重点化などを進め，給付と負担のバランスを図ることで，将来にわたって安定した持続可能な介護保険制度を構築すること」(7-8ページ) である。

　2つの位置づけは，叙述の順序とは逆であろう。❷「給付の効率化・重点化」とは，介護保険の給付から生活援助や要支援者への介護予防給付を切り離すことであり，そうすることで給付費を抑制し「給付と負担のバランスを図る」こと，すなわち保険原理を強めることが意図されている[2]。まずこの意図があって，その実現のために❶「地域包括ケアシステム」の構築が求められている。「地域包括ケアシステム」の構築自体は，否定されるべきではないが，「意見」は，それを介護保険の「共助」化，保険原理の強化の手段として，あるいは補完物として構築しようと意図している。

　したがって「要介護高齢者を地域全体で支えるための体制の整備 (地域包括

ケアシステムの構築)」(8ページ) が，行政から，上から進められることには，警戒心をもつ必要がある。なぜなら，それがやせ細った介護保険の肉づけとして，自発性・助け合いの美名の下に地域住民に対して安上がりな労力の提供を求めることになりはしないかと危惧するからである。

3 地域包括支援センターの機能強化

● 3-1 地域包括支援センターの役割

地域包括ケアシステムにおいて地域の諸資源をコーディネートする役割を期待されているのが地域包括支援センターである。まず現行制度における地域包括支援センターについて確認しておこう[3]。

地域包括支援センターは，2005年の介護保険法改正によって設置され，地域包括ケアの中核機関と位置づけられている。地域包括ケアの概念を提起したのは「2015年の高齢者介護」(高齢者介護研究会，2003年6月) であったが，そこでは「介護サービスを中核に，医療サービスをはじめとする様々な支援が継続的かつ包括的に提供される仕組みが必要」であると指摘されていた。

その後2004年7月の「介護保険制度の見直しに関する意見」(社会保障審議会介護保険部会) において「地域における総合的なマネジメントを実施・調整する機関として」「地域包括支援センター」の創設が提起され，法制化されることになった。改正された介護保険法のなかで「地域包括支援センターは，……地域住民の心身の健康の保持及び生活の安定のために必要な援助を行うことにより，その保健医療の向上及び福祉の増進を包括的に支援することを目的とする施設とする」(第115条の45) と規定された。

基礎自治体 (市町村) に対しては，改正介護保険法施行後2年以内に，地域包括支援センターの設置を求めたが，2006年4月末の厚生労働省の調査によれば，センター設置数は3,436箇所であった。4年後の2010年11月30日の「介護保険制度の見直しに関する意見」によれば，現在4,056箇所が設置され，ブランチなどを合わせれば7,003箇所整備されている。今後，全中学校区 (1万箇所) を目指して拠点整備を進めるとのことである (18ページ)。

センターの事業内容は，(1) 介護予防事業，(2) 包括的支援事業，(3) 任意

事業から成る。

(1) 介護予防事業は,
　　（ⅰ）介護予防スクリーニング
　　（ⅱ）要支援・要介護になるおそれの高い者等を対象とする介護予防サービスの提供（特定高齢者施策）
　　（ⅲ）全高齢者を対象とする介護予防事業（一般高齢者施策）
から成る。

(2) 包括的支援事業は,
　　（ⅰ）介護予防ケアマネジメント
　　（ⅱ）総合相談支援事業（地域の高齢者の実態把握,介護以外の生活支援サービスとの調整等）
　　（ⅲ）権利擁護事業（虐待の防止,虐待の早期発見等）
　　（ⅳ）包括的・継続的マネジメント事業（支援困難事業に関するケアマネジャーへの助言,地域のケアマネジャーのネットワークづくり等）
から成る。

(3) 任意事業は,
　　（ⅰ）介護給付等費用適正化事業・家族介護支援事業
などである。

このように地域包括支援センターのなすべき仕事は多岐にわたるが,地域包括ケアシステムにおいて求められるのは,地域における「自助・互助・共助・公助」のコーディネートである。この観点から地域包括支援センターの仕事の整理が「論点整理」で提起されている。

● 3-2　地域包括支援センターへの期待と現状

「論点整理」は,コーディネートの主体として地域包括支援センターの役割の拡張と明確化を求めている。

「地域包括ケアを提供するには，地域住民のニーズに応じて医療・介護・福祉サービスを適切にコーディネートし，適時に供給する体制が必要となる。また，その主体としては，地域包括支援センターが期待される」が，「現状では，住民が地域包括支援センターに相談に行っても，互助・共助に関わる多様なサービスが紹介されることは少ない。当該相談者の問題を解決するため，地域包括支援センターにおいて，互助（住民主体のサービスやボランティア活動等）・共助（介護保険関連や医療保険関連等）に関わる多様なサービスを紹介できるようにすべきではないか。また，住民の生活支援を幅広く行うため，相談は，要介護者・要支援者であるかどうかに関わらず，実施されるべきではないか」と述べている（8-9ページ）。

一方，コーディネート機能を強化するためには，現在地域包括支援センターが抱えている「介護予防事業，相談，権利擁護等業務が多忙である」から，その「機能を整理し」，「不必要な機能を外すことが必要でないか」とも述べている（9ページ）。

以上のような「論点整理」の提起を受けて，「意見」では地域包括支援センターの機能強化が以下のように主張されている。

　　地域包括支援センターは，介護保険サービスのみならず，インフォーマルサービスとの連携や，介護サービス担当者，医療関係者，民生委員など地域資源や人材をコーディネートする役割を担っていく必要がある。しかしながら，地域での役割が不明確であったり，介護予防事業に忙殺されているため，十分にその役割を果たせていないとの指摘がある。

　　このため，当該市町村（保険者）が地域包括支援センターに期待する役割が明確となるよう，委託型のセンターについては，市町村が包括的支援事業の実施に係る方針を示すこととすべきである。また，関係者間のネットワークの構築について，地域包括支援センターが責任を持って進めていくことを改めて徹底すべきである（18ページ）。

厚生労働省は，2009（平成21）年4月末時点での「地域包括支援センターの

表 4-1 地域包括センターの設置主体

設置主体	09年調査 (平成21年4月末)		08年調査 (平成20年4月末)		07年調査 (平成19年4月末)		06年調査 (平成18年4月末)	
	箇所	割合	箇所	割合	箇所	割合	箇所	割合
直 営	1,279	31.5%	1,409	35.4%	1,392	36.3%	1,265	36.8%
うち広域連合等の構成市町村	130	3.2%	118	3.0%	112	2.9%	88	2.4%
委 託	2,729	67.3%	2,567	64.6%	2,439	63.7%	2,171	63.2%
社会福祉法人（社協除く）	1,445	35.6%	1,366	34.4%	1,277	33.3%	1,085	31.6%
社会福祉協議会	524	12.9%	467	11.7%	447	11.7%	427	12.4%
医療法人	463	11.4%	448	11.3%	436	11.4%	396	11.5%
社団法人	92	2.3%	87	2.2%	86	2.2%	76	2.1%
財団法人	70	1.7%	70	1.8%	68	1.8%	70	2.0%
株式会社等	64	1.6%	63	1.6%	58	1.5%	50	1.5%
NPO法人	23	0.6%	21	0.5%	21	0.5%	14	0.4%
その他	48	1.2%	45	1.1%	46	1.2%	53	1.5%
無回答	48	1.2%	-	-	-	-	-	-
計	4,056	100.0%	3,976	100.0%	3,831	100.0%	3,436	100.0%

出所）厚生労働省全国介護保険・高齢者保健福祉担当課長会議資料，2010（平成22）年3月5日，197頁より．

運営状況に関する調査」を，全国の自治体に対して実施したが，それによるとセンター設置数4,056箇所のうち，直営は1,279箇所（直営率31.5%），委託は2,729箇所（委託率67.3%）であった（他に設置主体無回答48箇所，無回答率1.2%）。委託率は2006年63.2%，2007年63.7%，2008年64.6%と年々増大し，反対に直営率は36.8%，36.3%，35.4%と低下している。委託先は，2009年において社会福祉法人（社協を除く）1,445箇所（35.6%），社会福祉協議会524箇所（12.9%），医療法人463箇所（11.4%）などが主なものである（表4-1)[4]。本来，市区町村がその運営に責任をもつべき地域包括支援センターの直営率が，年々低下していることは問題である。

厚生労働省は，「地域包括ケアを全国的に推進していくため」，全国の50市区町村を対象とするモデル事業として「地域包括支援センター等機能強化事業」（1市区町村につき800万円程度）を平成22年度の予算に計上した。その狙いは，「市町村が地域住民のニーズや地域課題を把握し，地域包括支援センター

等を活用して地域のコーディネート機能を強化し，ニーズに対応するための介護保険外サービスを含めた地域包括支援ネットワークを強化推進していくことにより，地域包括ケアの体制づくりを推進するため」[5]であるという。

しかし，その事業の実施主体は市区町村とするものの，「事業の全部又は一部を，事業を適切に実施できる事業所等に委託することができる」[6]とされており，実際上，民間事業者を手足として使い，上から地域の福祉資源を動員する仕組みを検討しようとしているのではないかとの疑念は払拭できない。

4 「これからの地域福祉」のあり方をめぐって

● 4-1 「自己実現」の氾濫

これまで述べてきたように，介護保険の給付費抑制が図られる一方で，地域における福祉資源の動員が目論まれているというのが，本章の視点である。本節ではこの視点を厚生労働省社会・援護局によって設置された「これからの地域福祉のあり方に関する研究会」報告書，「地域における「新たな支え合い」を求めて―住民と行政の協働による新しい福祉」（2008年3月31日）から検証したい。

まず，この「報告書」を読んで，文中に「自己実現」という言葉が氾濫していることに驚かされる。たとえば「住民が地域での活動を通じて自己実現をしたいというニーズは高まってきている」（11ページ），「今まで仕事を通じて充実感や達成感を得てきた住民の自己実現意欲が，今後は地域活動に向けられるケースも増えてこよう」（15ページ），「住民が，時と場合に応じて，支え，支えられるという支え合いの関係を構築する，いわば相互の自己実現を地域で可能にしていくことが求められる」（同ページ），「住民による地域福祉活動は，活動を通じて社会貢献ができ，自己実現ができる場でもある」（17ページ），「ボランティア活動は，社会福祉の担い手を確保するという意味をもつだけでなく，活動の担い手の自己実現意欲を満たし，社会に新たな支え合いを実現するものである」（28ページ）等々[7]。

これほどまでに地域福祉と「自己実現」を過剰に結び付けた記述を読まされると，「大きなお世話」とのシニカルな気持ちにもなるだろう。何故かように

「自己実現」が強調されねばならないのか。

　その狙いは，以下の記述に見出される。「基本的な福祉ニーズは公的な福祉サービスで対応する，という原則を踏まえつつ，地域における多様な生活ニーズへの的確な対応を図る上で，成熟した社会における自立した個人が主体的に関わり，支え合う，地域における「新たな支え合い」(共助)の領域を拡大，強化することが求められている」(16ページ)。「住民共通の利益のために，行政だけでなく多様な住民主体が担い手となり，これらと行政が協働しながら，従来行政が担ってきた活動に加え，きめ細かな活動により地域の生活課題を解決する，という意味で，地域に「新たな公」を創出する」(同ページ)。

　「地域における「新たな支え合い」(共助)の領域の拡大，強化」「地域に「新たな公」を創出する」という課題は，「報告書」のサブタイトルとして表示された「住民と行政の協働(協同ではない。〔引用者〕)による新しい福祉のあり方」の具体化として提示されなければならない，ということである。それらの課題は「自立した個人が主体的に関わり」「住民主体が担い手」となることなしには，達成されないものと「報告書」では認識されている。住民の内面にまで立ち入って「自己実現」と結びつけた地域福祉政策を提示する狙いは，行政との協働への住民の「主体的」な参加を促すことにある。

　確かに，地域福祉活動に住民の自発性が不可欠であることは間違いない。また地域福祉活動は，地域社会における住民協同の取り組みであるべきで，その前提は住民の自発的参加である。しかし，その活動に住民自身が「自己実現」を見出すか否かは，それらに関わる住民自身の内面の問題であり，地域福祉活動の必要性とは別次元の問題として峻別されるべきである。また「自己実現」が強制されるべきものではないことは，いうまでもない。

● 4-2　「共助」の強制への警戒

　さらにまた，地域福祉活動と地域福祉政策の区別も明確にされなければならない。前者の主体は地域住民であり，後者の主体は「住民の福祉を最終的に担保する主体」(16ページ)としての市町村であり，市町村は「公的な福祉サービスを適切に運営し，必要なサービスを住民に提供する必要(というよりも義務〔引用者〕)がある」(同ページ)。

両主体は，互いに疎遠であってはならず，住民と行政の協同（協働ではない）は否定されるべきものではないが，その前に両主体の性格と役割について明確な区別が必要である。この区別が曖昧なままに「多様な主体が，地域福祉活動の担い手になるだけでなく，地域の公共的決定に関わること」（16ページ）については，慎重であるべきと考える。というのも，この区別を曖昧にした典型が，先にみた「論点整理」による「自助・互助・共助・公助」の定義であり，そこでは介護保険が「共助」の範疇に入れられ，その運営における公的責任の後退が危惧されるからである。

「報告書」では，先の引用のように「地域における「新たな支え合い」（共助）の領域」は，「基本的なニーズは公的な福祉サービスで対応する，という原則を踏まえつつ」「拡大，強化することが求められている」と述べている限りで，「共助」と「公助」の区別はされているとみることはできる。しかし問題は，「公助」を支える手段として「共助」の拡大・強化が意図され，住民の内面にまで踏み込むかのような「自己実現」の過剰な強調がなされている点である。「共助」の強制には敏感でなければならない。また警戒すべきことである。

介護保険に関わって，「報告書」が「地域における「新たな支え合い」（共助）」の確立を提起する理由は，次のような現状認識にある。「現在の高齢者・障害者・児童を対象とする給付の中核である介護保険給付費・支援費・措置費の合計額の中で，7割以上が介護保険給付費となっていることをみても，公的な福祉サービスだけで要援護者への支援をカバーすることは困難であるといわざるを得ない」（11-12ページ）。ここでは，介護保険を「公的な福祉サービス」つまり「公助」と位置づけてはいる。しかし総額として「公助」をこれ以上増やせない。つまり税財源が介護保険に偏っていて，障害者への支援費，児童への措置費に回らない。したがって支援費，措置費を増やすためには，介護保険へ回っている税財源を削るしかないため，「共助」を頼りとするほかないとの現状認識が示されている。

介護保険を「公助」と位置づけている点は，まだしも「論点整理」の「共助」としての位置づけよりましといえるかも知れないが，「住民と行政の協働による新しい福祉」が，「新たな公」の創出として提起される背景には，やはり「公助」の負担を「共助」に転嫁する意図があるとみるべきであろう。ま

た「公助」の財政的危機を「住民と行政の協働による新しい福祉の」実現によって打開することが目指されているとみるべきであろう。そしてその実体は，「自己実現」という言葉を用いての「行政による住民の包摂と動員」にあるとみるというのが，本章の視点である。

ただし誤解のないように付け加えておくなら，住民の自発的な参加による地域福祉活動は，これからの地域社会の形成にとって大切な課題であることは確かである。しかし，それは強制された「社会参加」や「社会連帯」であってはならない，というのが本章の主張である。自由な「社会参加」と「社会連帯」を構想し実践することが，差し迫った課題となっていることは，間違いのない事実なのだから。

5 強制されない「共助」のために

● 5-1 介護保険と生協の福祉事業

この課題達成に向けての一考察として，ここでは地域住民の自発的な生活支援を組織的に取り組んできた生活協同組合の福祉事業について検討したい。

公益財団法人生協総合研究所が発行する『生活協同組合研究』は，2009年3月号において「生協の高齢者介護事業」を，また2010年7月号において「介護保険10周年をむかえて」を特集テーマとしている。本章では2つの特集に掲載された，いくつかの論文を取り上げ検討することにしたい。

樋口恵子「新たな改正を控えた介護保険制度―大介護時代の到来を前に」[8]は，1990年前後から2000年の時期は「失われた10年」といわれるが，「1990年代後半は，日本にとって21世紀市民社会型の多くの法律制度を成立させた『創造の10年』ではないか」(10ページ)という。1997年に成立し2000年から施行された介護保険法は，まさにそうした法律の1つであると評価している。樋口氏は「高齢社会をよくする女性の会」代表として，介護保険制度の実現向けて活躍し，その後も介護保険のあり方について積極的に発言してきたオピニオン・リーダーであり，介護にかかわる市民のなかに最も影響力をもつ人といってよい。

氏の介護保険の評価は，次の叙述に端的に表れている。「株式会社をはじめ

あらゆる形態の事業者が介護保険に参入した。ビジネスが持つ割り切れた明るさ，合理性は，たしかに利用者の心を軽く自由にしたと思われる。一方で介護保険制度は一国の財政における収支のみならず，それぞれの事業者に一定の利潤をもたらす産業の一つとして，損得勘定を越えた「福祉」的風土が後退していくのはやむを得ぬことであった」(7ページ)。

介護保険による効果としては，「市場活性化効果のように少々行き過ぎた，と思われるものもある」が，「民間企業の参入を認めたことは正解だったと思う」という評価を前提に，「行政には公平性と住民の人生を支える責任感と気概を，事業者にはこの制度のもと活動するにふさわしい高い倫理性と透明性を，そして利用者もまた公金で支えられた制度の節度ある利用を，求めたい」(12ページ)と発言している。

介護保険制度における事業者，行政，利用者三者の調和が期待されている。この調和論をベースに，「介護保険制度は，これがきっかけとなって地域づくり，市民参加型の町づくりにつながるよう運用すべきと思っている。今はやりのことばで言えば「介護保険でつくる新しい公共」ということか」(11ページ)，あるいは「介護保険を接着剤に参画型地域社会の創造が求められているのではないか」(12ページ)との提起がなされる。

こうした立場から，生活協同組合の福祉事業に対しては，次のような期待が表明される。「すでにJAや生協など地域の組織がしっかりしているところでは，介護保険では提供のむずかしい草取りなどの生活支援を「助け合い」として市場価格よりはるかに安価に提供している。サービス提供者側に60歳以上の女性（たまには男性も）が多く参加し，高齢者の年金プラスαの収入獲得の場としても，地域のまさに「共助」の活動としても，さらなる広がりが期待される」(12ページ)。ここでの「共助」の位置づけは，介護保険を補うものとしての「市場価格よりもはるかに安価」なサービスの提供である。この「共助」が，生協組合員のなかでの自発的な営みにとどまっている限り，外部の者がとやかく言う筋合いのものではない。

しかし，次の発言は，大変気になるものである。

「私はこのごろ，日本は兵役のないありがたい国であるのだから，もう

少し若者が介護や福祉の分野を体験するインセンティブを強くしてはいかがかと思っている。大学受験に失敗したら，浪人して予備校で受験勉強するもよし，一年間福祉ボランティアをして働き一定の評価を得た者は，センター試験の得点を上乗せする方法も認められてもよい，と思っている」(13ページ)。

　この発言は，要注意である。「大介護時代の到来の前に」，介護や福祉の分野の人手不足を解消する手段として，何らかのインセンティブを強化するという発想は，それが国によって制度化されるとなれば，強制された「共助」へとつながりかねない。

　この発想は，単なるアイディアというよりも，「損得勘定を超えた「福祉」的風土」を有していた介護分野へ「割り切れた明るさ，合理性」をもったビジネスが参入したことの必然的帰結である。市場は「損得勘定」を尺度として，地域の人々の暮らしを切り取る。切り取られた残りの部分，つまり市場ベースに乗らない部分は，行政（公助）がカバーしない限り，地域のインフォーマルな諸資源に依存せざるを得ない。それらが家族（自助）であり，地域社会の助け合い（互助）であったが，それらが当事者の自由で自発的な行為として十分に機能しえない状況下では，行政コスト抑制の圧力下に，「共助」が制度化されることになる。

　そして「共助」と「公助」の新しい関係が模索されているのが，現在の日本社会である。いまはやりの言葉「新しい公共」とは，その表現である。

● 5-2 地域社会と生協の福祉事業

　生協の福祉事業を担っている方々には，自身の仕事の評価と関わって，先に検討した「論点整理」の「自助・互助・共助・公助」を批判的にとらえてほしいと願うのであるが，その点について，池田徹「地域包括ケアの時代と生協福祉事業の課題，展望」[9]を取り上げたい。

　池田氏は，生活クラブ生協千葉を母体として設立された社会福祉法人生活クラブの理事長として，介護保険制度の下で特別養護老人ホームの経営や訪問介護などの事業に取り組んでこられた方である。その実績と経験を踏まえての発

言であるから，生協の福祉事業には大きな影響力をもつと思われる。しかし氏の「地域包括ケア研究会」の「報告書」の受け止め方には，疑問が残る。

　その地域福祉の現状と生協の役割についての見解は，次の発言に表れている。「団塊の世代が後期高齢者となる 2025 年以降の数十年は，公助（＝税）と共助（介護保険，医療保険，公的年金など）に頼るだけでは到底乗り越えることができない。地域住民による互助の力を強めることが，切羽詰まった課題として突き付けられているのだ」「互助とは地域の支えあい，たすけあいのシステムづくりに他ならない。地域福祉，地域づくりと同義語だと考えて良いだろう。これまで，地域福祉は，制度ボランティアの民生委員児童委員や，社会福祉法で地域福祉の担い手と位置付けられる社会福祉協議会に委ねられてきた。しかし，これらの伝統的な地域福祉団体は，担い手不足と高齢化に悩んでおり，今後，地域住民によって組織されている生協が果たすべき役割が極めて大きい」（54 ページ）。

　「共助（介護保険，医療保険，公的年金など）」という理解はさておくとして，この発言で気になるのは，民生委員児童委員や社会福祉協議会などの「伝統的な地域福祉団体」による「互助の力」の衰えを，「地域住民によって組織されている生協」が補うというように読めることである。民生委員児童委員や社会福祉協議会は，氏も承知されているように純粋な「互助」の組織ではなく，社会福祉法に規定された一定の公的性格をもった組織である。そうした公的組織の機能を，生協が補うことになるとすれば，生協の「メンバーシップの組織」としての性格と矛盾することにはならないか。

　氏はいう。

　　「生協はメンバーシップの組織である。生協の使命は組合員への最大奉仕であるとされている。しかし，組合員が暮らす地域社会は今崩壊の危機にあり，この地域社会への貢献が，現代における生協の大きな使命だと私は考える。批判を承知であえて言うが，もし，生協がメンバーの利害のみを目的とするなら，生協の今日的な役割はないのではないかと考える」（56 ページ）。

「地域社会への貢献」という氏の，生協リーダーとしての使命感には，共感する。しかし「地域社会への貢献」のあり方については，生協内での議論がさらに必要であろう。「批判を承知であえて言う」と述べた氏も，そのことを望んでいるはずである。

● 5-3 生協にとっての福祉事業と地域福祉における生協

何故，生協は福祉事業に取り組むのか。何よりもそれが組合員の要求だからである。「自分たちに必要なものを，自分たちの知恵と力を集めて実現するのが協同組合運動である」(46 ページ) と，大野京子「組合員参加による介護・福祉事業づくり─南医療生協の実践」[10] は述べている。このことは，生協の事業に携わる人にとっては当たり前のこと，あらためて確認するまでもないことかも知れない。しかし「事業づくりのための介護福祉事業ではなく，組合員や地域から求められる事業活動を，組合員と一緒につくりあげるのが協同組合のはずである」(47 ページ) という協同組合の原点，基本的立場の明確化が，「地域社会への貢献」においても前提とされなければならない。

そのうえで，地域社会における連携が課題となる。横山弘成「生協ひろしまの介護保険事業の現状と今後の課題」[11] は，この点について次のように述べている。「地域社会で福祉事業を展開する上で決定的に重要なのは，行政やNPO団体等との連携問題である。単独の事業者だけでは，地域のネットワークは築くことはできないし，我々が核となって地域をつくり変えるなどということは到底不可能である。利用者の暮らしに寄り添っていくための事業を本格的に確立させるためには，どうしても行政・他団体との連携が必要であり，行政やNPO団体との信頼関係を地道に築いていくことが必要である」(35 ページ)。

福祉事業が，生協の事業の主柱である共同購入と異なる点は，利用者の生活を支えるためには「地域を面で捉えて地域社会とのネットワークを意識的に構築し」(25 ページ) なければならないところにあると，池田徹「生協福祉事業をとおして地域福祉の担い手に─社会福祉法人生活クラブ福祉事業」[12] は主張する。そして「福祉事業に取り組むと，共同購入事業では見えてこなかった「地域」が見えてくる。「地域」の複雑さ，多様さが見えてくる」(24 ページ) という。

それはたとえば「親が要介護高齢者で精神障害も伴っている。その息子が多重債務に陥っていて，親の年金で生活していたり，親を虐待しているという家庭が地域にはたくさんある」(24ページ) ということである。実はそのような住民の暮らしがみえなくなっているのは，事業者というよりも行政 (市町村) なのである。とりわけ介護保険導入後，行政 (市町村) が地域の高齢者の生活状況を直接把握する機会は，ごく限られたものとなった。2005年の介護保険法改正までは，在宅介護支援センターが，その後は地域包括支援センターが，主として地域の高齢者とその家族の実態把握と支援に携わってきたが，先にみたように，市町村の直営率は年々低下し，今や3割を切ろうとしている。

　福祉事業を通して地域ネットワークを構築することは，生協の事業展開と組合員の生活を支えるために必要なことである。しかしネットワークの中心となりその機能強化に責任をもつべきは，市町村であり直営の地域包括支援センターである。とすれば民間非営利事業者としての生協の役割は何か。それは行政の仕事を肩代わりすることではなく，行政が地域住民の生活を支える公的責任を曖昧にしないよう監視し発言し行動することであろう。

　「共助」と「公助」の関係は，それぞれの役割分担・守備範囲をはっきりさせたうえで，相互に緊張関係を保ちつつ協同すべき関係である。

　生協の福祉事業が他の民間事業者 (営利であれ非営利であれ) と異なるところは，「徹底して「自治・参加 (参画へ)・協同」のしくみをつくりあげること」(大野「前掲論文」46ページ) にあるはずである。その組織の特徴，優位性は地域福祉においてどのように発揮されるのであろうか。今後の検証が求められる。

6　おわりに

　竹田茂生・法政大学教授によれば，「介護保険とはまさに生活世界に対する行政と市場の侵入である」という。そして「介護保険制度はそのなかから不断の対立や緊張や問題 (つまり「反制度」〔原文〕) を生むはずである」から，「公的な部分 (制度によって担われる介護サービス〔原文〕) を注視し，制度と「われわれ」の関係を絶えず修正していかなければならない」ともいう。

　しかし竹田氏は「行政機構と利潤追求型の介護サービス業者と福祉NPOと

の関係が充分に整理されていない」が,「ここに利潤原理に対抗する連帯の原理を拡大する可能性があるように思われる」[13]と,介護保険が始まった2000年に論じている。それから10年が過ぎ,「行政機構と利潤追求型の介護サービス業者と福祉NPOとの関係」が展開し,新たな整理の段階に来ているようである。

本章は,「介護保険制度の見直しに関する意見」(2010年11月30日)が,強調する地域ケアシステムの批判的検討と,わが国の非営利組織の代表といえる生活協同組合の福祉事業の議論の吟味を通して,「われわれ」の側から行政機構との関係を再整理しようとした試みである。この試みは,今後の関係発展の追跡とともに続けられる予定である。

注 記

1) 厚生労働省老健局が「庶務」を担った「安心と希望の介護ビジョン」会議は,「あるべき介護の姿を示すため」2008(平成20)年7月24日に第1回の会議を開催して以降,7回の会議を重ね,同年11月20日に「安心と希望の介護ビジョン」を公表した。その会議開催要項によれば,検討事項の第1に「自助・公助・共助を組み合わせたケアの構築」が挙げられていた。

そこでは,「介護保険がはじまって以来,「介護は家族がするもの」という考え方から,「介護を社会として支える」基盤が作られ,措置としての福祉から選択できる介護サービスへと変化している」との現状認識が示され,今後は「これまで築いてきた基盤を充実させ,新しい選択肢を積み重ねていく必要がある」(1ページ)と課題が提起されている。

そして「一人ひとりの多様な選択肢へのニーズ」に対応するために,「自助・公助・共助」が次のように関係づけられている。「個々人の力(自助)だけでも,全国一律の政府施策や介護保険でも十分に対応することはできない。地域のコミュニティにおいて一人一人が支え合い,役割を持って生きていくための「共助」の仕組みを整備する必要がある」(2ページ)。

ここには「互助」という言葉はない。「地域包括ケア研究会報告書—今後の検討のための論点整理」における「互助」の内容は,ここでは「共助」という言葉で表されて

いる。介護保険だけでは住み慣れた地域で暮らし続けられないとの認識は，「論点整理」と共通しているが，介護保険は文脈からして「公助」として位置付けられている。「論点整理」の「自助・互助・共助・公助の役割分担」を，「安心と希望の介護ビジョン」と比較検討すれば，「論点整理」における公的責任の後退がより明瞭となる。

2) この場合は，個別加入者の「給付と負担のバランスを図る」というよりも，介護保険全体の保険給付の総額（総支出）と保険料の総額（総収入）のバランスを図るという意味である。社会保険である介護保険は，保険給付総額＝保険料総額ではなくて，保険給付総額＝保険料総額＋税負担であるが，この仕組みにおいても保険給付総額の抑制は，税負担の抑制に結びつく。そして制度の見直しによって，保険給付総額に占める税負担の割合が縮小するとすれば，つまり「給付と負担のバランスを図る」方向に進むとすれば，それは介護保険の「共助」化が進むということを意味する。

3) 地域包括支援センターについては，佐藤卓利『介護サービス市場の管理と調整』（ミネルヴァ書房，2008年）の「第10章　基礎自治体による地域包括支援センターの運営」を参照されたい。

4) 厚生労働省全国介護保険・高齢者保健福祉担当者課長会議資料（平成22年3月5日），「地域包括支援センターの運営状況について」197ページ。

5) 同上，183ページ。

6) 同上，184ページ。

7) 厚生労働省「これからの地域福祉のあり方に関する研究会報告書」からの引用は，『地域福祉情報』（2008年6月号）掲載の資料による。以下の引用においてページ数のみを記載してあるのは，同誌からの引用である。

8) 公益財団法人生協総合研究所『生活協同組合研究』（2010年7月）5-14ページ。

9) 『同上』48-56ページ。

10) 公益財団法人生協総合研究所『生活協同組合研究』（2009年3月）41-47ページ。

11) 『同上』34-40ページ。

12) 『同上』20-25ページ。

13) 竹田茂生（2001）．「権利と市場―福祉社会のポリティクス」『思想としての経済学―市場主義批判』青土社，118-119ページ．論文の初出は，『現代思想』28巻4号，2000年。

5 ヒューマン・サービスとしての介護労働

：労働として捉える

田尾雅夫

1 介護労働の成り立ち

● 1-1 介護労働とは何か

　介護労働とは何か。それはヒューマン・サービス労働の一つであり，医療や保健，福祉，教育などの対人的なサービスを提供する労働の一部として位置づけることができる。そのため基本的なところは，それらのサービスと重なるところは少なくない。つまりサービスを介して，その向こうにもこちらにも人がいる，そういうサービスである。そしてその多くが対面的にサービスを提供し，また提供されることになる。労働集約的である。しかし，そのサービスの性質はモノとは違って無形で，不可視不可触である。したがって，その出来栄えに関する評価が難しい。そして主観的に評価されることが多いので，サービスを受ける側の期待が大きく膨らみ，無定量無際限の労働を強いられることも少なくない[1]。

　したがって本来，それは高コストである。たとえば企業と比較すれば，人件費が占める割合が非常に大きい。しかし，そのコストをカットすれば，それに携わる人たち——サービスの送り手のモチベーションが低下して，信用を失うことになるかもしれないし，サービスの送り手一人あたりの負担が増えると，ストレスがたまって，手抜きが横行し，質の低下もおこりうる。たとえば同じく労働集約性の高いサービスである教育サービスを例とすれば，コストのかからない大教室でのマスプロ講義が批判されており，ゼミ形式の導入が必須とされ，さらに個々の学生たちとの信頼関係の構築が必須とされているが，その

傾向が強まるほど教育コストは大きく膨らむようになる。同様にヒューマン・サービス一般は主観的に評価されるほど，コストが膨らむのは避けがたい。教育の場合はまだ，マスプロ講義とゼミの併存，ゼミの人数制限などのように工夫の余地がある。しかし医療や福祉の分野では，この余地がさらに制限される。なぜならこれらの業種はこの社会の福利を直接的に支えているからである。いわゆる手抜きがあると，この社会の期待と齟齬を来し，信用が損なわれることになる。

　とくに介護労働によるサービスでは，一人暮らしや病弱な高齢者が放置されているようなところでの手抜きは荒廃に向かう一方である。であるからといって，サービス全体の限界を心得ないサービスもまた，それが途切れたときに（たとえばバーンアウトに陥るなど）一挙に崩壊に転げ落ちるようなことも考えられなくはない。つまり高コストの状況を放置することもできないのである。介護労働をマネジメントの基本的な考え方に従って考えるということは，必要とされるサービスである介護が，必要な人（要介護者）に，必要なだけのサービスを提供できるかどうか，そのために，必要以上のコストやリスク（この場合，経済的なものも含む）を要していないか，ということを評価するということである。少ない資源を適正に配分しようとすればするほど，必要な資源を必要なところに，ムダなくムリなくムラなく行き渡らせることが何よりも重要になる。滞りや延滞はできる限り避けなければならない。あるいは避けるというよりも，それらを招きがちな要因はできるだけすみやかに除去しなければならない。

● **1-2　ヒューマン・サービスとしての介護労働**

　モノであれば，できたかできないか，不良品かどうかを一目で仕分けることも可能である。しかし，これが，ヒトを相手とするヒトによる仕事であれば，その出来具合を確かめることは簡単ではない。まして，それを事業とするためには，相当の苦労があると覚悟したほうがよいだろう。すでに述べたように，介護労働はヒューマン・サービス労働の一つである。そのため，マネジメントそのものに難しさが伴うのである。

　マネジメントの基本的な考え方を再度強調すれば，できるだけ少ないコストでできるだけ多くの利得を得ることであり，また，組織の目標を達成するため

に，最短の経路をみつけるような合理性に準拠しなければならない。それゆえ，ヒューマン・サービスを提供するための組織は，モノをつくる組織に比べるとマネジメントがかなり難しい。

ホームヘルプ・サービスの事業所も，当然，サービスを提供するための組織に含まれるため，マネジメントの難しさが予想される。そのサービス組織一般のなかでも，ホームヘルプ・サービスとは，繰り返すが，対人的な，つまりヒューマン・サービスの一部であるから，これについて考えるためには，まずヒューマン・サービスとは何かを問うことになる。そしてそのサービス労働の特異性を明らかにしなければならない。

ヒューマン・サービスの特徴は，以下のとおりである。

1) サービスの送り手と受け手が存在する。

たとえば，ホームヘルプ・サービスの場合，受け手というのは，要介護者であり，一般的にはクライエントと呼称される。ヒューマン・サービスには，その送り手と受け手が存在する。ヒトの，ヒトのためのヒトによるサービスである。

2) その受け手は，とりあえずクライエントである。

そのクライエントは，必ずしも消費者 (＝コンシューマー) ではない。むしろ，送り手に一方的に依存するような社会的弱者であることも多い[2]。

3) 送り手が直接的にサービスを提供している。

送り手はクライエント (ホームヘルパーの場合，要介護者) に，多くの場合，対面的にサービスを提供している。そのため，クライエントや送り手自身の生身の感情，気分に左右されることも少なくない。サービスの是非などは，主観的であり，真の評価は事後的であるとされる。

さらにいえば，それらのサービスが個人の基本的な福利に関わることが多く，公的にサービスが提供されることも多いので，行政サービスとも重なり合っている。医療，保健，福祉，教育などのサービスは私的に提供されることもあるが，本来は公的なサービスである。

以上のようなヒューマン・サービスとして，介護労働とは何かを考え，さらにそのなかで，ホームヘルプ労働を位置づけ，その雇用の場としての事業所のマネジメントを考えるという順序で議論をすすめたい。

介護労働のマネジメントは，ヒューマン・サービスにおける困難な問題をす

べて引き継ぐことになる。しかも，高齢者の多い社会の到来は否応なく，その困難な問題に真正面から向き合うことを迫るのである。

● 1-3　ホームヘルプ労働

　ホームヘルプ労働におけるマネジメントを考えるにあたって，以下で詳述するように，介護の送り手であるホームヘルパーと要介護者を含めた受け手の間で，受け手がそのサービスに満足したか，送り手に不要なストレスを負荷したかなども広義のマネジメントに入れて考えるべきである。介護労働はヒトのためのヒトによるサービスであるから，広範囲の目配りが必要になる。そのため問題が広範囲に及ぶが，ここでは議論を限定しなければならない。以下では，議論の方向を整理するためできるだけ論点を絞りたい。そこで，介護労働をホームヘルプに限定することとする。

　議論は次のような順序ですすめることにする。

　1）まず介護労働とは何かを定義して，それをホームヘルパーの仕事一般に転用して，重なるところと重ならないところを明らかにし，ホームヘルプ労働の特異性を明示したい。また，その労働の社会的（横断的なバックグラウンド），歴史的（縦断的な由来）事情にも通暁しておいた方がよいと考える。

　また以前に比べると，介護が雇用関係の中で提供されることが多くなった。すなわち古くからある家族の中で行われてきた子どもたちや嫁などによる介護から，近年に至っては，配偶者による老老介護といわれるものまで現在の介護のスタイルは多肢にわたっているが，これにいわゆるシルバー産業がビジネスとして加わることになった。被雇用者としてのホームヘルパーが，人的資源としての関与の度合いを大きくしているのである。これらの相互の関連についての広範な目配りがなければならない。

　そのなかで，本章では，そのような広範な介護労働を視野に入れながら，契約関係を前提とした，ホームヘルパーという専門的なサービスの送り手を中心に議論を展開したい。

　2）それに合わせて，ホームヘルパーという職業が，ヒューマン・サービス労働という文脈のなかに，どのように位置づけられるものであるかを明確に捉えたい。もともと雇用関係も曖昧なところを多く残した職業であるし，職業社

会学的には明確に定義できないところがある。どのように捉えるかによって，あるいは，定義するかによって，その相貌は大きく異なってくるために送り手も受け手も，またそれをマネジメントする人たちも，互いに価値観や考え方を共有できず，誤解や曲解がはびこるおそれがある。

その職業的なドメインを確定して，その範囲を明確に捉えて，関係者の間で，職業についてのイメージが共有されるべきである。

3) さらに，ホームヘルパーが在宅介護という，従来の介護サービスとは区別されるサービスであることと，それをマネジメントすることの問題点を整理したい。事業所からは遠く隔たったところでサービス活動があるため，それをマネジメントすることは，対人的であればあるほど，難しい問題が多くあるはずである。それだけにまた，特別な工夫がなければならない。

具体的な方針としては，そのサービスを提供している事業所をよりいっそう効果的なものにするために，その事業所が経営体としてのどのような枠組み，特徴をもっているのかを明らかにしたい。家族による介護や，行政による介護（措置制度）からも特異とされる，契約的な関係の中での介護は，相応のコストや便益が議論されてしかるべきである。また，そのことが他の介護とは相違する特徴を有するはずである。

4) その特徴に準拠して，ホームヘルパー自身について，あるいは事業所そのものについて，マネジメントは可能か，また，可能であるためにはどのようことが枠組みとして整備するための条件であるのかを考えたい。そしてより上質のサービスがそこから発給されるためには，工夫すべきところがどこにどのようにあるのかを探りたい。

このことによってよりいっそう望ましい介護サービスとは何かが，それを一人ひとりのホームヘルパーに還元できるような研修や再教育，また人事評価などについて，具体的に議論できるようになると期待される。

5) 以上の議論の目途が立てば，事業所の経営管理，つまりマネジメントの方式も，さらにいっそうの工夫ができそうである。組織開発や組織革新の議論が見通せるようになると考えられる。

● 1-4 議論の背景

　なお，以上の議論の一切は，介護保険の導入以後の状況を考えなければならない。前章で議論されたように，2000年春の介護保険導入にともなって，従来からの介護労働の現場，ホームヘルパーが働いている現場は大きく変化すると考えられたし，実際変化しつつある。そして，今後，いっそう変化を続けることは疑いの余地はない。しかし，その変化は望ましい，あるいは，当初，期待していたようなことだけではないかもしれない。つまりその進展によって，そこで仕組まれた制度が，旧来の慣行や枠組みと軋轢(あつれき)を生じて，適切かつ円滑に運用されないような場合もあるのではないか。とくにホームヘルプ事業については，すでにサービス・システムが公的にも私的にもビルトインされており，介護保険の導入によるサービスの供給システムには，さまざまな構造変化や，さまざまな紆余曲折(うよきょくせつ)が予想されるため，制度として定着するほど，問題点が浮き彫りになってくるだろう。

　介護保険の導入によって大きく変化したことは，ホームヘルプ・サービスが，公的サービスと考えられていたことから，私的，少なくとも準公的なサービスに変換されたということである。より具体的に述べれば，従来医療保険で対応してきた介護を，それから切り離して，独自の保険制度を創設し，また，措置によるサービスをそのなかに統合したということであり，措置から保険へという制度の変換としても捉えられる。保険制度であるので，それを必要とする人たちは患者が病院や医院，医師を選ぶのと同じようにサービス提供者を選択することができる。それに応えて，民間業者の大いなる参入が期待される。ということは，そこに市場原理が導入されて，コスト感覚を必要とする経営が成り立ち，もしかすれば，より上質のサービスを受けられるという期待もいだくことができる。

　このことから，マネジメントの観点から問題とすべきところが，いくつか挙げられる。

❶コスト感覚について，どのように議論されるようになったか。
❷民間業者の参入は，期待通りか。
❸医療から介護が切り離されたか，あるいは，その後の連携は円滑なのか。
❹上質のサービスが提供されるようになったか。

❺以上を可能にするような経営手法に変化があったのか。というよりも，一般的に公的なサービスでは，コスト感覚が不足し，市場原理が働かないとされるが，制度の変更を受けて，それに相応しい管理手法の開発があったのか。

以上の5つである。

◉ 1-5　マネジメントの視点

　したがって，以上の論点から，これまで，そして今後ホームヘルプ・サービスの現場で，事業所がどのように変化し，それが望ましい変化であるのか，それとも逆に超高齢社会への障碍にもなるような変化ではないかを見極める必要がある。事業所，つまり，経営体があれば，マネジメント（経営管理）は必然的に必要である。

　以下では，どのような事業体が設立され，それらが今後，どのように事業を展開するのか，どのような供給システムが構築されるのか，そしてどのように評価されることになるのかを明らかにしたい。さらに今後，介護保険は，そのシステムのどの部分に強く影響を及ぼしうるか，さらに，その変化に対して，どのような施策を追加的に施すべきかについて，理論的に，実際的に，さらに，その現場の事情に即して具体的に検討したい。これは未開拓の分野である。

　そしてとくに，マネジメントを考えるという視点から，その供給システムをどのようにデザインし，どのように管理すべきであるかを，さまざまな分野のさまざまな知見を取り込みながら考えたい。極論すれば，公的サービスとして位置づけられたホームヘルプ・サービスには，マネジメントという視点はこれまでなかったといってよい（NPM：ニューパブリックマネジメントの立場からは，このような批判があり得る）が，それを今真正面から議論しなければならなくなったのである。

◉ 1-6　あらためて，介護労働とは

　介護労働とは，要介護者が日常的な生活が営めるように，その維持を図ることを支援するためにある。そのためにできるだけ要介護者の日常生活に近いところで普段の生活を営めるように，また，そのような場面を想定したサービス

を提供しなければならない。そのサービスを，専門的な職業として提供するのがホームヘルパーである。サービスの受け手としての要介護者（クライエント）に，日常の生活ができないような何らかの支障があって，それを補うために，あるいは，補えなければ，何か他の手だてで生活一般を支えるために，送り手であるホームヘルパーはサービスを提供するのである。

したがって，他の労働に比べても，互いの信頼関係が重要であり，特に濃密な人間関係を前提にしているといってもよい。それゆえ，受け手も送り手も，お互いの生身の部分に触れあうことも少なくない。いわば生活の裏側を覗き見ることになる。

すなわち内面への関与が当然であり，私的な部分（他人に覗かれたくないところ）に介入すること（intervention）は避けがたい。受け手が受け入れるか，受け手に受け入れられないか，好き嫌いや相性などがそのサービス関係の背後に介在してしまう。

しかしこの特徴ゆえに，さまざまな問題を含むことになる。介護を受けなければ日常生活を維持することが困難であるというクライアントの置かれた状況は，介護サービスの受け手と送り手に弱者と強者の関係，つまり，一方的な依存関係を招来する。というよりも，それが本質的といえるかもしれない。その状況のなかでは，閉じられた関係になりやすい[3]。このため，サービスの量や質の是非などについて，送り手の一方的な判断が優先され，それを第三者がどのように評価できるかという問題がある。

しかも，繰り返すが，これらの介護労働は労働集約的である。送り手の，相手に対する精一杯の努力が成果となる。また，極端にいえば，送り手と受け手の一対一の作業を繰り返すことになる。これは単調な作業であるし，もしかすると，さらにいっそう単純な労働を繰り返してこそ，受け手の福利が向上するということにもなる。送り手からいえば，この労働環境は，必ずしも好ましいとはいえないであろう。逆に，何か急な事態が起こり，リリースがなければ，その場その場で急場をしのぐだけの作業にもなりうる。

したがって，その労働は，ヒューマン・サービス労働のなかでも，どのように現状を維持できるか，いわば日常生活の瑣末ともいうべきルーティンを支援することが重視され，大きな変化，たとえば，向上や回復のようなメリットを

得るようなことは大きく期待されない性質のものなのである。専門的な知識や技術も維持的，支援的なものに向けられる。その反面，日常生活を可能にしているかどうかは，明確に結果のみえることであるから，アカウンタビリティはよりいっそう問われやすく，その重要性が云々され，しかも，相手方への責任を規範的に強調されやすくなる。

◉ 1-7 介護労働の位置づけ

介護とは何かについて，介護する人，される人，それぞれの相互依存関係を重視することになることについては以上の議論で尽くされるが，他の職業や職種との比較で考えると以下のような要約もできる。

医療サービスとの関係でいえば医療とは，とくに治療に関わるところでは，「変化の技術」を適用して病気から回復できればその所期の目的は達成される。それに対して，介護とは現状の維持が重要であるため「維持の技術」に依拠している[4]。もちろん健康への復帰も大切とされるが，高齢者は，いずれにしてもその機会が制限される。医師も看護師も現状の維持に関わるが，それでも介護労働全般への関与は少ない。また，看護との関係でいえば，その一部である医師との協働である治療に関わらない部分は含めたい。たとえばホスピスなどでの看護は介護に近いようである。

したがって介護とは，対人的なサービス技術のなかで「維持の技術」に依拠した人間の福利の（現状の）維持に重点を置いたサービスであり，英語でほぼケア（care）で表現されるものを意味する。したがって，施設，在宅，地域における（供給形態は相違するが）現状のサービスを包括するものである。

2　介護労働を支える要因分析

◉ 2-1 ホームヘルプ労働の特徴

以上の介護労働のなかから，ホームヘルプ労働を絞り込み，以下では，介護の中でその特徴，特異性を考えたい。

ホームヘルプとは，介護労働という広いコンセプトのうち，サービスの受け手の居宅に入り込んでサービス提供を行う人たち，すなわちホームヘルパーの

労働を指している。この人たちは、家事援助者のように一方的な指示に服するのではなければ、医師のように、確立された職業人(プロフェッショナル)として指示を下して準拠させるほどの強いパワーをもつこともない。その中間に位置すると考えるのがもっとも妥当な位置づけであろう。

以下で、職業社会学的に、ホームヘルパーという職種の特徴を5つにまとめた。

1）居宅を中心にしたサービス提供

通常、介護労働の場所は施設を含むが、ホームヘルプに限定すれば、原則としてサービスを受ける受け手、つまり要介護者の居宅でサービスを提供することになる。このことには多くの意味が含まれる。

その一つには、ホームヘルパーは、閉じられた関係＝「完全に個人的な次元で」働いており、送り手と受け手の関係が、それぞれ個別的でかつ特異的である。直行直帰が多くなればなるほど要介護者との関係だけで完結し、上司や同僚による統制も効かなくなる。

つまり、これはマネジメントが難しい（サービス提供現場での管理的介入が困難）ということを示している。逆にいえばソーシャル・サポートが不在であり、ひいては職場集団ができないので、規範形成が困難で独りよがりになりやすく、勝手なサービスなどでネガティブな結果に至る恐れがないとはいえない。とくに慣れないホームヘルパーの場合、さまざまの困難が予想される。

2）要介護者は、自立困難な場合が多い

ホームヘルプの場合であれば、在宅生活に困難にある人にサービスを提供するため基本的に施設介護ではなく、在宅介護である。施設に収容してのサービスではないことに留意すべきである。原則として、弱者を対象とはするが、少なくともトータル・インスティチューション（「全制的施設」と訳されることがあるが、受け手の生活全般を監視するようなサービス組織である。刑務所がその典型であるが、特別養護老人ホームなども、その要素を有している）であってはならない[5]。

ホームヘルプの多くは障害のある人たちが在宅の生活を自立的に営み、できる限り生活の質を維持し、向上させることができるように、支援的なサービス

提供することである。したがって，自立を支援するサービスもあり，原則的には側面援助のサービスである。

　それと関連するが，在宅介護の場合，女性がこのサービスに関わることが多い。それと重なるように，ホームヘルパーも女性中心に考えられる[6]。

3）暗黙の同意，あるいは契約関係

　クライエントが自立困難であり，社会的には弱者的という特徴は払拭できないが，それでもなお施設に収容しないというのがホームヘルプ・サービスである。送り手と受け手の間には，雇用され‐雇用するという関係が個人的に成り立つのである。それもとりあえずは市場を前提とした場で取り引きされる。したがって，サービスを受けるか受けないかは，クライエントが決めればよいことである。

　また，クライエントは個別的にサービスを受けるので，その人固有の問題が重視されるべきで，とくに要介護者が「まな板の鯉」にはならないことは厳守されるべきである。つまり入院患者ではなく，収容者でもなく，多少の支援さえあれば，日常生活が可能であるという前提にたってサービスが提供されなければならない。また，組織ではなく当事者が相互に，いわば暗黙の契約を結ばなければならない。

　したがって，その関係は具体的な状況においてさまざまにかたちを変えるが，少なくともそのサービスが提供される関係は，「双方が対等な関係」として位置づけられる。しかし，自立を支援するという原則に立てば，ただ対等な関係という理想だけを強調しても，提供者と受け手という関係の本質的な部分がみえない。それは，雇用関係という言葉の生みだすニュアンスを残しながらの，情報の非対称性ともいうべき関係がみえかくれするからである。協働といいながら，「その人と二人三脚」という関係が，倫理的にサービスの送り手と受け手の間に成り立つかどうかが重要である。

4）プロフェッショナリティ（専門性）について

　ヒトを扱うサービスである以上，専門的な知識も必要であり，技術的な訓練も必要になるから，プロフェッショナルの要件を充たさなければならない。資

格制度ができるのには必然性があるというべきである。現在は試験制度もでき専門的な団体もできた。しかし，自立自営や高度の専門性などの古典的なモデルが必須としている要件を未だ満たしているとは思われない。たとえば，医師のようなフル・プロフェッショナルな職業として確立されるためには，基本的な障碍があるという指摘もある。たとえば，ケア・マネジメントによってサービス内容が制約される，あるいは，医師や保健師などの介在が必須であるため，プログラムの決定の最終的な主導権がない場合が多く，あっても乏しいことが挙げられよう[7]。

また，ホームヘルパーには現場のサービス提供活動に専念してほしいという期待があるが，専念すればするほど，社会的な地位の低さが改善されないまま残っている。その状況が続くということは，プロフェッションとは認知されない状況が今後とも続くということを意味しており，今後どのような職業になるか，これは資格制度との関連で議論されるであろう。

たとえば，さまざまな指摘が現場のホームヘルパー自身から実際に寄せられる[8]。たとえば，高度の知識・技術が必要かという問いについて，「家庭の主婦なら誰でもできる，しかし，人の嫌がる仕事」という指摘があり，どのような論点から専門性が成り立つかについては，サービス全体についてというよりも「部分的に限られた解釈」が横行しているのではないかといわれる。また「その人固有のその人にしかないその人の生活支援」という観点からいえば，その人との信頼関係がすべてで，ことさら一般的に基礎づけられた方法の適用ができるのかという疑念がある。これらは専門性の否定につながる回答ではないだろうか。

5) 何でもするという仕事の特異性

したがって，ホームヘルパーの労働は「何かを与える，何かを補う部分労働ではない」が，クライエントの生活全体を見通せる能力が必要であるとされ，すなわちこれは，専門性の論拠に該当するが，そのためにどのような知識・技術が望まれるのかについては，ほとんど議論がない。その結果，別の専門性の議論が必要になる。日常生活の支援に関わるだけに，さまざまな些末な事柄に関わらなくてはならないため「実に多くのことに関わる仕事だ」ということに

なる。家事一切が，そのサービスの対象になってしまい，いわば何でもかんでもということになる。しかし，その何でもかんでも，というところが肝心である。

ホームヘルパーの主な仕事は，人権と生活権の基礎的なところに関わるため，雑多ではあるが，細心の注意が必要とされる。とくに，その雑多ななかでも，公共，つまりこの社会への責任を常に明確に意識しなければならないため，受け手に対するアドボカシー（代弁的な役割）を中核にすえ，送り手としての倫理の重要性が強調される。

ホームヘルパーが介護の仕事をすることは，以上のような特徴をもつ。しかも，これらの特徴は，サービスの送り手と受け手の間に信用，あるいは信頼が成り立つことで活かされるし，その信頼が成り立たないようでは，重大な事故につながるようなこともあり得るだろう。この議論を展開するならば，以下に述べる対人関係を活用するコミュニケーション技術が重要となるのは必至である。

● 2-2　コミュニケーション技術の必要性

以上に述べてきたような特異性から，ホームヘルプ・サービスの当事者たち，つまりヘルパーと要介護者の間に，できる限りムダもムリもないためには，それが日常生活の支援に深く関わるほど，相互理解が欠かせないことがわかる。サービスを円滑に提供するためには，相互理解が前提であるのは当然であり，そのためには，コミュニケーション技術の修得が欠かせない[9]。その技術の駆使が介護労働の中心にならざるを得ないのである。受け手である要介護者だけではなく，同僚である他のホームヘルパーや，ケアマネージャー，さらには行政などの関係者と，情報漏れや欠損や，誤解などがないようにコミュニケーションをとらなければならない。

介護される人，介護するホームヘルパー，ケアマネージャー，事業所，そして行政のさまざまな機関も，互いに依存し合うネットワークのなかにある。その絡み合った網の目のなかで，誤解や曲解ができるだけ少なくなるように，情報が行き交うようにしなければならない。

そのためには，それを円滑にするための仕掛けが要る。また，その技術にたけるような工夫もいる。それこそがマネジメントであるといってよい。信用や信頼を互いに重視する雰囲気が，事業所，そして個々のサービス現場を通じて

存在しなければならない。それは全ての人が，同じように生きているという共感を示し合うようなことかもしれない。

　これは単なる親切ではない。受け手である要介護者の，生活上の，心身の変化に対応して，自立への意欲を向上させるような親切である。極論をいえば，生き身を相手にしてのことであり，その人の日常生活における援助の構造が絶えず変化しているのであるから，援助が成果へと結びつけばつくほど，支援の方式も変化する。自立の度合いに合わせて，サービスの方式も変化する。ルーティンの作業の積み重ねではない。それだけに変化を的確に捉えるためのコミュニケーション技術つまり，伝える技術や，変化を捉え，見極める技術，あるいは発展させる能力が互いに求められる。とくに，サービスの送り手であるヘルパーにはよりいっそう求められることになるだろう。

3　アセスメントと評価

◉ 3-1　よいマネジメントとは

　介護労働，あるいはそれを事業として展開しているところでは評価が欠かせない。そして前述のように介護労働は労働集約的で対人的な労働であるため，コミュニケーションを円滑にとることでよい評価を得られることになる。しかし，よい評価を得るためにはどのようなコミュニケーションが必要かを考えるためには，評価に値する介護労働とはどのようなものか，そして，それを可能にするマネジメントとは，どのようなものかであるかを明らかにしておかなければならない。

　シュガーマン[10] (Sugarman, 1988) は，首尾よく経営されている (well-managed)，つまり評価に値するヒューマン・サービス労働 (この場合，介護労働) を提供する組織という概念を提示し，それが，以下のような六つの構成要素からなるとした。

　❶明確に定義されたミッションないしは目的がメンバーに周知されていること，さらに，それに準拠して，計画などが練られていること。

　❷以上を達成するために，適切な，組織としてのシステムや施策を備えていること。

❸また，以上のために，相応しい人員が採用され，配置され，監督され，教育されていること。

❹組織として掲げた目標に向けて，メンバーの努力を動員できる，効果的なリーダーシップを確立できていること。

❺目標に至るさまざまな努力の適否を評価し，問題を明らかにし，さらに，それに至るための相応しい行動とは何かを明示できていること。要は，評価システムが整備できており，成果やそれに至る過程の可否や是非を適正に評価できているかどうかということ。

❻他の組織との連携関係を構築し，環境からのさまざまの圧力を処理して，前向きに対応できること。それらにただ対処する (react) するのではなく，積極的に対応する (proact) こと。

以上がマネジメントのなかに組み込まれていれば，好ましいコミュニケーションが成り立ち，好ましい成果を得るであろうとされる。しかし，以上の論点は首尾よく実行されたかどうか，所期の成果を得たかどうかについて，どのように評価することができるかを問う，具体的な視点を欠いたままである。

またたとえ首尾よく実行されたとしても，それが成果を得るのに至る過程を明確に把握できない，とくに経営者の視点から捉えることが難しいことも再三であろう。スタッフが，上記のようなデザインを練り上げても，現場のスタッフや職員，とくにストリート・レベルのビュロクラット[11]（この場合，サービスの送り手，ホームヘルパー）が，可視的でも可触的でもないサービスであることを隠れ蓑にして，それとは逆のことを考えたり行動していたりする場合もあるかもしれない。そしてもしかすれば，そうすることによって，むしろ当初の期待よりも大きな成果を得ていたりすることもあるかもしれない。しかし，それは結果論である。とりあえず成果があればよいと考えることはできるが，成果とは評価の結果である。評価されるための成果という考え方がなければならない。極論ではあるが，ヘルプ・サービスの受け手が満足すればそれでよいではないかということもある。

さらに別途の論点もある。ドラッカー[12] (Drucker, 1980) によれば，企業との対比であるが，成果を考えようとしない公的なサービスを提供する組織（ホームヘルプの事業所も含まれる）には，マネジメントを非効率的にする六つの大罪

がある。

それは，❶具体性を欠いた，高尚な目的を有すること，❷複数のことを一度にしようとすること，❸管理者が「規模の経済」を信じること，❹経験によらず，教義的であること，❺経験から学ばないこと，❻撤退しようとしないこと，である。

しかし，以上の大罪は，ヒューマン・サービス組織ではやむをえないこともある。なぜならば，高尚なミッションをもたなければならないこともあれば，複数のことを一度にしなければならないほど，少ない員数で繁忙を極めることも少なくない。したがって，介護労働を厳密に評価しようとすると，逆に，サービスの質を歪めることになる危惧もある。極論を繰り返すが，受け手がサービスを好ましいと評価してくれないと何も始まらないのである。とにかく元気になってほしい，そのためであれば高邁な理念を語り自分を納得させながら，受け手にもその気持ちを伝えたい，それが介護労働である。

◉ 3-2　評価の考え方と方法

介護労働での評価は難しいが，それを避けることはできない。事業所でマネジメントがなされる以上，前述したように，首尾よくマネジメントされている組織でなければならない。どのようにして「首尾よく」の程度を知ることができるのか。一般論として，どのような評価の考え方があるか。

概説的には，以下のような考え方がある。大別して2つ，細かく考えれば4つである。

1）経済的指標

一般的に，具体化のためには，以下のような3つ (3E, もっとも周知されている) がある。あるいは次項の一つを加えて四つ (4E) の指標を考えることもある。

効果性（effectiveness）　この尺度は，有効性と訳されることもある。達成の程度であり，どの程度，目標が達成されたかである。後述する効率性とは異なり過程よりも結果を重視している。それは，基本的に，ある活動がその意図された目的を達成する範囲を測定するからである。パフォーマン

ス（業績）測定はこれとほぼ重なる。組織の成果は，効果性，有効性，あるいはパフォーマンスを中心にして測定される。また，質的な成果の場合，ベンチマーキングによる成果の多くはこれと重なる。

効率性（efficiency）　この尺度は，それを達成するための手段，あるいは過程に重きをおいている。目標があり，それに至るために何をするのかということである。目標の達成だけを強調すると，結果に歪みが生じ，本来の目標の達成に至らなくなる。コストに対する結果のバランスを測るものである。そのためもっとも効率的なツールだからといって，もっとも効果的なツールとは限らない。補助金が出るという理由で施設を新設するなどは一例である。このような過程ではランニング・コストが膨らむマネジメントをする際は利益とコストの間の最適なバランスが達成されなければならない。

経済性（economy）　上記の2つに加え，過程と結果に先行する指標として，どの程度リソースの投入を少なくしたかという指標が加えられることがある。つまりどの程度資源が節約できたかである。財政危機が深刻になればなるほど，資源の無駄遣いを制することが緊急の課題となる。

　これらを合わせて，組織の成果，あるいは広義の生産性（productivity）と捉え，頭文字を並べて3Eと呼ぶ。そして，これらは次に述べる社会的な成果に対して，経済的な指標であり，アウトカムズをどのように指標化するかなどの問題は残されるものの，一般的により数値化しやすいという特徴がある。ただ，これらの成果は必ずしも受け手の満足と重ならないという不都合もある。
　以上の評価指標は，端的にいえば，介護労働で資源を有効に使い切ったかということである。事業所としてムリ，ムダ，ムラを少なくできたかどうかである。これを少なくできなければマネジメントの失敗という事態に至る。

2）社会的指標
　この指標は広い文脈で捉えられた成果指標である。マネジメントが結局，この社会のために役立っているかどうかである。当然，一つの組織の貢献による

ものではなく，組織外のさまざまの要因が絡み合って得られる，いわば間接的な成果である。したがって，因果関係がさまざまに絡みあうため明らかにできることは少なく，一組織だけの業績評価の指標としては妥当性を欠くことになる。しかしながら，組織の当事者はこれを戦略的に活用すべきだろう。あるいは，これをさまざまの下位決定に活かすことになる。なぜなら社会的に貢献していることが存続のための不可欠の要件であるからである。その意味では，この指標は漠然とではあるが，業績評価におけるもっとも基本的な，あるいは最低限度のガイドラインを構成している。そして事業所が世間の信用を得るかどうかを左右する。得られなければ，事業としては行き詰る。この指標は公平性（equity），または公正性（fairness）などと表現されることもある。

経済的な指標の3Eに，この社会的な成果指標，公平性（equity）の頭文字を加えて4Eと呼ぶことがある。以上は基本的な評価の枠組みについての解説であるが，これらを踏まえた評価のための実務的な議論についてはすでに膨大ともいうべき知見の集積がある[13]。

● 3-3 評価の限界

一般的な議論として，何をどの程度達成したかという成果の評価は，介護労働の場合も難しいといわれる。とくに量的に捉えることは非常に困難である。少なくとも金銭などの可視的な，そして数量的な指標だけで，その達成度を評価することは難しい。サービス提供の組織を，モノを産出するそれと比較した場合，このことは納得できるであろう。これらの組織では，成果やミッションさえも多様に分岐することになり，どこをどのように改善すればこのような結果になったとはいえないところが多くある。さらに結果も一つではない。目に見えるだけの結果に固執すれば，ミッションを捨てることにもつながりかねない。

また，実際の評価における難しさもある。評価のための尺度を工夫するとき，信頼性（安定的に，そのものが計測できているのか）と妥当性（そのものを正しく計測できているのか）が欠かせないが，サービスについてはそれを評価することが相当難しい。介護労働の評価には限界があることを承知しておくべきである。それでも評価しなければならないのであれば，多少繰り返しになるが，以下のよ

うな評価の限界となる点をあらかじめ組み込むべきである。

❶主観性　サービスの受け手からの評価，つまり主観的な評価を手掛かりにせざるを得ないことが多くある。クライアントが満足を得ることができれば，とりあえず成果を得たとするのである。いわゆる消費者満足の論点はこれと符合している。介護労働では客観的な成果評価を得るような機会が乏しいからである。

❷間接性　主観性のみでは通常，根拠のない評価に傾きやすい。サービスが信用され，それに期待する人の数が増えても，サービスの中身が必ずしもよいとはいえない。名声も評判も，サービスの中身の質を直接的に，的確に捉えているとはいえない。代理尺度として批判されることもある。

❸長期性　サービスの成果は必ずしも，その場で得られない。むしろ，ある年月の経過のなかで成果を得，サービスの質が向上したと判断できるのである。サービス提供の質そのものに肉薄できるような指標は，本来，長期的な経過のなかで測定するものでなくてはならない。それができれば，成果の評価としては申し分のないものになる。

◉ 3-4　評価の不可避性

　以上のように，介護労働においては成果が明らかではなく，その評価も難しく不可能なところが多くある。しかし，それでもその必要を否定することはできない。いずれにせよ評価はしなければならないのである。少しでもその組織をよくしようとすれば，成果は評価されるべきであり，それを測るための尺度化は避けられないことである。

　しかしながら正確に評価の指標を設定しようとすればするほど，その正確さに対して疑義が生じ，その曖昧さをむしろ浮き彫りにするようなパラドクスがあり得る。ヒューマン・サービスとしての介護労働の効果などは，明確に認識できることは少なく，可視的に表現できるような成果も多くはない。受け手が喜んでくれただけでも大きな成果である。受け手が喜ぶことだけを成果にするのは，危うい代替尺度であるが，ないよりもましということもあろう。それがサービスの向上に寄与する限りは評価として考えることが必要だろう。

　代替尺度は，たとえば，学校教育という捉えどころのないサービスの成果を，

進学率に替えて評価するといった例のように，その否定的な側面が強調されがちではある。しかし，間接的な効果を便宜的に確認できる，また当面のモラールの向上などへの積極的な効用があることを考えれば，直ちに否定的に考えることはない。間接的な指標であっても達成の喜びはモチベーションを高揚させる。

● 3-5　企業モデルの限界

　介護労働の特異性を活かし事業として展開するために，そして評価に耐えるマネジメントを行うためには，いくつも考慮しなければならない要因がある。また，従来公的に提供されていたサービスに関して，介護保険の導入以後，民間による営利事業化が急速に図られたことによる戸惑い，困惑を，多くの関係者は感じたことであろう。大規模な事業展開もみられるが，そのほとんどの民間事業所は，零細規模であるか，病院や特別養護老人ホームなど，従来からの準公的なところの延長線上にある事業所である。

　営利事業化が進行しているといいながら，その多くはマネジメントに不慣れといえる。加えていえば，参入障壁も撤退障壁も低いので，とりあえず事業体を設立することは，比較的容易である。その間隙を縫って，私＝営利企業の参入もあるが，現状では，大手の事業所は撤退や，規模の縮小に至る場合が多い。規模の経済が，この領域では活かされないということもあり，企業モデルが活かせず，もしかすると，新しいビジネス・モデルが必要になるかもしれない。どのようなモデルが可能であるのか，そのこと自体が早急の検討課題である。

　従来のシステムとの相違に注目して，小規模組織としての経営モデルを構想しなければならない。とすれば，今後，どのように事業体が可能であるかを考えるために，ホームヘルプ労働の特質と，その変容をみながら論議をすすめなければならない。たとえば，それは商店経営のようである。発展してもチェーン店をつなげた経営のようである。そのサービスがいくらか違うのは，いわば店員が現場に出向くことである。そこでのサービスは信用や信頼を下地に成り立つので，お客さんとの現場での関係が重要である。したがって，経済的な視点からだけではなく，適正規模，適正人員が配慮されるべきである。逆にいえば，労働量に合わせてニーズをつくる，ニーズに合わせて労働量を調達するこ

とである。いわゆる小回りの利く組織を構築すべきであるし，もしかすると縮小均衡もあり得る。NPOなどには向いたサービス領域であるかもしれない。
　要は，ホームヘルプを事業化しても，通常の，企業をモデルにした理論的な枠組みでは捉えられないであろうということである。

　注　記
1) 拙著『ヒューマン・サービスの経営』（白桃書房，2001年）による。本章における論点はほぼ同書によっている。つまり，介護労働は，広義のヒューマン・サービス労働に含まれる。その特徴は，他の医療や福祉などの領域と通底するものが多い。
2) クライアントとコンシューマーとは意味が明らかに相違する。この論点については『ヒューマン・サービスの組織』（法律文化社, 1995）および「ヒューマン・サービスの経営」（白桃書房, 2001）で議論した。
3) サービスの送り手と受けての間に成り立つ微妙な関係は，ストリートレベルの官僚制として概念化される。詳しくはM. リプスキー『行政サービスのディレンマ　ストリートレベルの官僚制』（木鐸社, 1986年）を参照されたい。
4) Hasenfeld, Y. (1983) *Human service organizations*. Prentice-Hall のアイディアによっている。
5) E. ゴフマンのトータル・インスティテュートが，この場合，典型的である。邦訳『アライサム―施設被収容者の日常世界』石黒　毅訳（せりか書房, 1964年）を参照。
6) 春日キスヨ『介護労働の社会学』（岩波書店, 2001年）が，介護労働とホームヘルパーと女性の関係を卓抜に論じている。
7) ホームヘルパーはプロフェッションの正確な定義に従えば，セミプロフェッションとパラプロフェッションの中間に位置するのではないだろうか。拙著『新版 組織の心理学』（有斐閣, 1999年）を参照。
8) さまざまの現場の意見については，日常の活動記録をまとめた，非常に多くの事例報告がある。それらの逐一をあげると非常に煩雑になる。社会福祉協議会や事業団体などがパンフレット様の仕立てで出版しているほか，福祉関連，たとえば，「月刊福祉」などに収録されている記事などを参考にさせていただいた。
9) 二宮厚美による「現代福祉とコミュニケーション労働」（『日本経済の危機と新福祉

国家への道』（新日本出版社, 2002 年）などを参考にした。
10) Sugarman, B.（1988）The well-managed human service organization. *Administration in Social Work,* **12**（4）, 17-27.
11) 注 3 を参照
12) Drucker, P.（1980）The deadly sins in public administration, *Public Administration Review,* **40,** 103-106.
13) 拙著『公共経営論』（木鐸社, 2010 年）第 11 章を参照。

6 介護労働者の腰痛予防と介護事業

重田博正

　本章では，介護サービスのマネジメントにとって介護労働者の健康確保がもつ意義を検討し，そのうえでいま介護労働者が直面している主要な健康問題である腰痛の予防対策を検討する。

1　安全・快適な介護労働と介護サービス

● 1-1　介護労働者の腰痛発生状況

　まず介護労働者の健康実態を検討する。介護労働者を対象とした健康調査の結果をみると，多くの調査で腰痛が6〜8割と非常に高い訴え率になっており，彼らの健康状態・健康問題の中では腰痛が突出した問題となっている。

　たとえば医療系の介護事業所で働く介護労働者を対象とした北原らの調査結果（2005年実施，調査票の回収は395事業所の4,752人）[1]によると，調査実施時点で「4日以上病気休業」している者の53％が腰痛であり，過去に「4日以上病気休業」した経験をもつ者（26％）のなかでも腰痛が最も多かった。また自覚症状の訴え率では，「現在腰が痛む」が54％，「過去1ヶ月にいつもまたは時々腰が痛む」が66％，「現在の仕事についてから腰が痛かった」は78％であった。この有訴率は腰痛多発職種である障害児学校の教員よりも高値であり，またこれらの腰痛の訴え率は，在宅介護労働者よりも施設介護労働者の方が高かったと指摘されている。

　また冨岡らが行った介護福祉士会の会員を対象とした調査結果（2007年実施，調査票の回収は229人）[2]でも，「現在腰痛あり」が61.5％，「過去1ヶ月にいつ

もまたは時々腰痛あり」が79.0％ときわめて高率であった。

このような介護労働者の腰痛問題の深刻さは，厚生労働省労働基準局が2008年に発表した「職場における腰痛発生状況の分析」[3]結果でも明らかにされている。この分析は，2004年に職場で発生した休業4日以上の腰痛を「労働者死傷病報告」[4]のデータを用いて分析したものである。それによると，過去（1986年及び1988年）の業種別腰痛発生状況と比べ，2004年には製造業，建設業，運輸交通業など多くの業種で減少傾向が認められた。ところが保健衛生業では発生件数及び発生率（対労働人口1万人，推計）がともに増大しており，保健衛生業の中でも社会福祉施設では特に高率の発生が認められた。その社会福祉施設については，個々の事例が発生した時の作業状況を詳細に分析し，発生件数の84.5％が「人を取扱い対象とする」介助作業時の腰痛であること，またその多くがベッドや車イス等の移乗介助によるものであることなどを明らかにしている。そして結論として「適正な介護機器の活用等により介護労働者の負担を一層軽減する作業方法を積極的に取り入れる」必要性を強調している。

● 1-2　介護労働者の健康と介護サービスの質

ここでは本章の議論の前提として，介護労働者の作業負担を軽減しその健康を守ることが，なぜ介護サービスのマネジメントにとっても欠かすことのできない課題となるのかを検討する。

労働者が安全で健康に働けることは，いうまでもなく人間としての基本的な権利であり，労働者に対する使用者の「安全配慮義務」や「健康配慮義務」は労働契約にともなって発生する労働基準法及び労働安全衛生法上の義務である。

だがそれだけではない。介護サービスの質という点からも介護労働者の安全と健康の確保は求められている。人を相手とするヒューマン・サービス労働の場合，そこで提供されるサービスの質は，工場労働などと対比したとき明らかなように，決定的に「人」に依存する。特に労働者が健康であることはよりよいサービス提供の基本的条件をなす。ここではその理由について3点挙げておこう。

一つは，要介護者とのコミュニケーションにおいて労働者の心身の健康が重要な役割を果すからである。ヒューマン・サービス労働は労働者と利用者とのコミュニケーションを通じて展開される。それは会話だけに限られず，オムツ

交換であるとかベッドから車イスへの移乗であるとかいった身体介助もこのコミュニケーションを通じて行われる。その媒体は音声言語だけでなく，声色や表情，ボディタッチなどの非言語的媒体も重要な役割を果している。その結果，音声言語で伝わる言語情報だけでなく，気分や情緒，感情なども同時に伝わり，相互に交換されるのである。労働者からの働きかけが要介護者に安心と信頼をもたらすためには，労働者の側にゆとりと優しさが必要である。また要介護者からの発信を非言語的表現も含めて的確に理解できるためには，受け止める側にゆとりと新鮮で豊かな感受性が必要である。そのためには，労働者が病気でなければよいといったレベルではなく，いきいきとした状態，つまり心身ともに健康であることが求められる。

二つは，要介護者の安全面からの要請である。誤飲・誤嚥、転倒，転落などのリスクから要介護者をどのように守るか。介護労働者は，たえずアンテナを高くして多方面に目配りしながら，同時に目の前の要介護者に集中している。しかし安全に対する労働者の注意を喚起するだけの対策では不十分である。疲れが蓄積すれば，その結果として注意力は散漫にならざるを得ない。また高齢者の場合，突然体の力が抜けたり，膝折れして倒れることがよくある。事故事例をみれば，そのとっさの事態に労働者が反応できなかったり，腕の痛みや腰痛のために倒れかかった要介護者を支えきれなかったりすることもめずらしくない。要介護者の安全確保の面でも労働者の健康が重要であることは明らかである。

三つは，サービスの質を規定する専門的技能という面からの要請である。介護労働の専門性は，いわゆる学習だけで身につく知識体系ではなく，その知識が自らの労働体験と一体化しながら発展し蓄積されていく経験知としての側面が大きい。したがって専門的技能の獲得には，健康で長期間働き続けることを通じて得られる経験の蓄積が必須の条件になる。

以上のように，介護労働者の健康はよりよいサービスの基本的条件である。したがって間接的にではあるが，労働者が健康であるかどうかは，利用者側からのサービス評価を通じて事業の成否にも大きな影響を及ぼすものといえる。

● 1-3 マンパワー政策としての健康対策

さらに介護労働者の健康確保は，事業所レベルだけでなく，介護分野のマン

パワー政策というマクロなレベルでもいっそう重要になっている。

　介護労働安定センターが実施した「平成21年度介護労働実態調査結果」によると1年間の離職者率（計算期間開始前日の在籍者数に対するその期間の離職者数の割合）は，施設系の「介護職員」で19.3％（「訪問介護員」で12.9％）となっており，施設系では1年間に約5人に1人が離職している。その結果，全体では46.8％の事業所が人員不足であると回答している。

　しかも注目されるのは離職者の経験年数である。「今の仕事をいつまで続けたいですか」の質問に対して回答者の56.3％は「働き続けられるかぎり」仕事を継続したいという意志をもっており，短期間の就労希望つまり「半年程度続けたい」や「1～2年程度続けたい」はそれぞれ1.2％，6.0％ときわめて少ない。しかし現実の離職者の経験年数は「1年未満」が44.6％，「1年以上3年未満」が31.9％（「訪問介護員」はそれぞれ39.0％，34.4％）と，大半が短期間での離職である。

　長期継続就労の意志にも関わらず短期間で辞めざるを得ない，それはなぜか。同じ調査によれば，「働く上での悩み，不安，不満等」を「感じていない」との回答は8.4％と少なく，大多数が悩みや不満を抱えている。その内容では「仕事内容のわりに賃金が低い 50.2％」が18項目中第1位になっている。2位以下をみると「人手がたりない 39.4％」「有給休暇がとりにくい 36.9％」「業務に対する社会的評価が低い 36.4％」「身体的負担が大きい（腰痛や体力に不安がある）33.0％」「精神的にきつい 31.1％」……の順になっており，仕事のきつさが大きな比重を占めていることがわかる。なお数字は示さないがこれらの悩みや不満は，訪問系や通所型施設系にくらべ入所型施設系の訴え率が特に高くなっている。

　ヒューマン・サービス部門の「人手不足」問題の教訓は，すでに医療における慢性的な「看護師不足」の問題に典型的に示されているのではないだろうか。日本のいたるところで「看護師募集中」の看板が見られるが，「看護師不足」とは，いうまでもなく看護師の有資格者不足のことではない。毎年毎年，大量の看護師が養成されているにも関わらず，夜勤交代勤務に代表される看護労働の厳しさのために早期退職が後をたたず，残った看護師の労働は「看護師不足」のもとでさらに過酷になる，という悪循環が形成されている。早期退職の

要因は複合的であるが，対策の基本が看護師の作業負担軽減にあることは誰の目にも明らかである．

社会保障審議会の議を経て2007年に告示された「社会福祉事業に従事する者の確保を図るための措置に関する基本的な指針」によると，福祉・介護サービスの従事者は2005年現在で約328万人である．なかでも高齢者介護関連の従事者数は，1993年の約17万人から2005年には約197万人へと12倍にもなっている．このような従事者数の増大にも関わらず，離職率が高く，有効求人倍率も全職種平均に比べて高水準になっている．しかも2005年時点で介護福祉士の国家資格を有する47万人のうち，実際に福祉・介護サービスに従事している者は27万人に留まっており，いわゆる「潜在的介護福祉士」が多数存在している．このような労働力需給の現状で人材確保を図るためには労働環境の整備が必要であるとして，「指針」は，賃金や労働時間面での改善とともに「従事者の労働の負担を考慮し，また，一定の質のサービスを確保する観点から，職員配置の在り方に係る基準等について検討を行うこと」や「腰痛対策等の健康管理対策の推進を図ること」の重要性を提起している．

つまり介護労働者の負担軽減や腰痛予防対策は，労働者保護の面だけでなく，介護サービスの人材確保のためにも欠かせないとの認識である．その認識自体は評価できるが，問われるのは実行である．以下，介護労働者に多発している腰痛の要因を検討し，そのうえで予防対策を提起する．

2 介護作業の腰痛発生要因

● 2-1 腰痛の主な成因

腰痛は，症状の現れ方の違いから二つのタイプに分けられる．一つは何らかの動作時あるいはその直後に急激に痛みが現れる急性腰痛（いわゆる「ぎっくり腰」）であり，もう一つは徐々に慢性的な経過をたどって症状が悪化する慢性腰痛である．この二つは医学的な分類ではなく，症状発現のタイプで分けた通称である．また労災補償行政における業務上腰痛の認定基準（1976年基発750号）が「災害性の原因による腰痛」と「災害性の原因によらない腰痛」を区別して取扱っていることから，腰痛を労働災害や職業病として議論するときには，

一般に「災害性腰痛」と「非災害性腰痛」の呼称が使われることも多い。

いずれのタイプの腰痛も，腰部の筋肉や靭帯など上半身を支える脊柱支持組織に加わる過度の力学的負荷が問題となる。この力学的負荷が瞬時にある限界を超えて痛みを発症させた場合が「ぎっくり腰」や「災害性腰痛」である。それに対してその時々の負担はがまんできる範囲内のものであっても，それが長期にわたり繰り返されることによって筋や靭帯に疲労が蓄積し痛みを発症したものが慢性腰痛あるいは多くの「非災害性腰痛」である。

なお腰痛発生の実態をみると，急性腰痛は，ふだんから腰部の慢性的なだるさや痛みの訴えが多い職種や職場で多発しており，また個別の発症経過をみてもその急性発症に先立って慢性的な腰の違和感やだるさを感じていた場合が多い。したがって腰痛の二つのタイプを一体のものとしてとらえ，作業のなかにある過大な腰部負担を軽減することが共通の対策となる。

◉ 2-2 腰部負担を過度にする要因

ここでは介護作業における腰部の負担要因を概観しておく。なおここでの検討は介護老人保健施設や介護老人福祉施設等の施設介護について行うこととする。ホームヘルパーの健康問題については別の拙稿[5]を参照されたい。

1) 制限を超えた重量負荷

介護作業の腰部負担を過度にしている最大の要因は，利用者を抱き上げたり支えたりする作業の負担である。

さきに紹介したように厚生労働省労働基準局が発表した「職場における腰痛発生状況の分析」結果によると，社会福祉施設においては腰痛発生件数の84.5％が「人を取扱い対象とする」介助作業，つまり利用者を抱えたり，持ち上げたり，支えたりしているときに発症した腰痛であった。その多くが食事介助，入浴介助，排泄介助等の前後に行われるベッドや車イス，トイレ等々への移乗介助によるものであった。

重量物の取扱いに関する労働衛生上の基準をみると，まず厚生労働省の「職場における腰痛予防対策指針」(1994年基発547号，以下「指針」)では，「重量物の取扱い作業」の項で「満18歳以上の男子労働者が人力のみにより取扱う重

量は，55kg以下にすること」と指示されている。女性の場合の規制数値は明示されていないが，「指針」の基礎になった研究委員会報告[6]では「一般に女性の持ち上げ能力は男性の60％位である」としている。それに基づいて計算すると，男性の55kgの60％つまり33kgが女性の最大取扱い重量となる。なお女性の場合には女性労働基準規則（第9条及び第10条）が母性保護の観点から重量物取扱い業務への就業を制限している。そこでも介護作業のような作業態様（「断続作業」）では30kg未満でなければならないとしている。

では実際に介護現場で抱いたり，抱えたりしている成人利用者の体重はどの程度だろうか。30kgに満たない人はいても少数であろう。60kg，70kgを超える人もめずらしくはない。

しかもここで注意を要するのは，「指針」や女性労働基準規則は，抱き上げを禁止しているのではなく，「取扱い」自体を制限しているということである。これを介護に適用すると，利用者の体重が30kg以上であれば，どのような作業であれ身体介護一般が禁止されるということになる。したがって利用者の体重の大半が作業者に加わる抱き上げなどについての制限値はもっと小さくなるはずである。

2）負担を拡大する作業方法，作業姿勢，利用者特性

同じ重さの物の持ち上げでも，持ち上げ方や作業姿勢によって負担は大きく異なってくる。介護現場で作業者の腰部負担を拡大するものとして，主には以下のような問題点が指摘できる。

第一は，かがみ込みや前傾姿勢での作業が多く，そのために腰部負担が大きくなっていることである。

たとえば介護老人保健施設や介護老人福祉施設では，利用者がベッドから転落し負傷するリスクを小さくするために，多くの場合ベッドを低くしている。そしてベッド上でオムツ交換をするときにも，低いベッドのままでやるために深い前傾姿勢での作業となる。なぜ作業時にベッドを高くしないのかという問いに対して当事者たちは，高さ調節が簡単にはできないベッドもかなり使われていること，また調節が簡単にできる電動ベッドであっても，作業前に高くして終わったら元に戻す時間的なゆとりがないことを理由に挙げている。

第二に，介護作業の対象が物ではなく，介護を必要としている人であるという特性から腰部負担が拡大されるという点である。これには2つの側面がある。

一つは介助抵抗とよばれる問題である。たとえばイスからの立ち上がりを介助しようとする場合に，介助動作に協力が得られない利用者も少なくない。また不安のためか利用者の手がイスのひじかけを握っていたり，立ち上がりとは反対方向に力を入れたりすることも多々ある。このような場合作業者には重量以上の負荷がかかる。もう一つは，利用者が突然脱力して倒れそうになったときとっさに腕を伸ばして支えるようなこともまれではない。そのような不意の動作でぎっくり腰になりやすい。

3）神経緊張やストレス性の疲れ

介護労働はストレスフルである。次から次へと課題をこなさなければと焦った状態のときでも，一人ひとりの利用者には落ち着いたかかわりが求められる。目の前の利用者に集中しながらも，安全確保のために，同時に多方面に気を配っていなければならない。またチームで緊密に連携しながら進める集団労働であるがゆえに職員間の葛藤も避けられない……等々。

このようなストレス状態は筋骨格系の疾病である腰痛の発症にも影響をおよぼす。心理的な緊張は無意識に筋肉を緊張させる。また注意散漫な状態，たとえば多方面に気を配りながら介助しているとき，あるいは忙しくて心理的に切迫した状態で介助しているときにはぎっくり腰を起こしやすい。

4）夜勤の過重性

施設介護における最大の労働負担要因は夜勤の問題であり，腰痛の発症要因としても大きな位置を占めている。

夜間労働は，一日24時間の生体リズムに抗して行われる反生理的労働であり，本来的に大きな作業負担を伴う。従って福祉や医療のように夜間労働が避けられない職場では，労働者の健康保護の観点から作業負担の軽減を図る必要性が日勤労働以上に切実である。具体的には夜勤時の労働時間の短縮，作業量・作業密度の軽減，仮眠時間の確保，夜勤回数の制限，勤務編成の改善，等が必要である。そのような観点から介護職場における夜勤の実際をみるとき以

下のような問題点が指摘できる。

　第一は，拘束時間の長さである。介護施設の多くは「日勤」と「夜勤」の二交代制を採っているところが多い。この場合の「夜勤」では夕方から翌朝まで2労働日を連続して働くため，拘束時間が16～17時間になるのが一般である。

　このようなタイプの二交代制は，かつての福祉施設で，夜間は見回りなど断続的な業務が主体で，労働者も4～5時間のまとまった睡眠が取れるような業態を前提として導入されたものであると考えられる。しかし今日の介護施設では，夜間といえども間断なく作業が続き，時間帯によっては日勤以上の作業量となる。しかも規定では2時間程度の仮眠が認められている場合が多いが，実際には取れないことが多い。

　第二は，夜勤時の神経緊張である。「何かが起きたらどうしよう」。これは夜勤に就くとき誰もが抱く不安である。地震や火事が起きた場合利用者の安全は守れるだろうか。入居者の急変やベッドからの転落，離床による転倒，これらが一番心配になる。誰かの介助中で手が離せないときに限ってナースコールが鳴る。特別のことがないのにナースコールを鳴らす人も少なくない。しかし呼ばれたら駆けつけてみないことには安心できない。

　このような不安や緊張は平静時でも大きいが，入居者の状態によってその負担は拡大される。容態が急変するかも知れない人，不穏や興奮状態にある人，徘徊する人などがいるとき，あるいは新しい入居者やショートステイの人が眠れず不穏になっているとき，などには特に緊張する。

　このような神経緊張は，利用者40～50人を2人あるいは20～25人を1人でみなければならないという夜勤時の職員配置の少なさによって問題が拡大されている。

　第三は，作業量の多さである。表6-1と表6-2は，筆者が行った介護老人保健施設における夜勤の労働負担調査の一つである。時間帯別のナースコール回数（表6-1）を平均値でみると，17時台から19時台及び朝の6時台から7時台の2つの時間帯にコールが際立って多くなっている。

　この2つのピークは，作業が過密になる「イブニングケア」と「モーニングケア」の時間帯である。「イブニングケア」では，調査した施設の場合，遅出と夜勤者の3人で40人全員に対して，食堂への移動介助，配膳・食事介助，

表6-1 介護老人保健施設における夜勤帯のナースコール回数

夜勤者→	12月9日 Ko, Na	12月10日 Ka, A	12月11日 Ta, I	12月15日 Te, Sa	平均
16時台	4	6	1	(記録なし)	3.7
17時台	16	11	4	(記録なし)	10.3
18時台	24	25	9	(記録なし)	19.3
19時台	31	17	8	6	15.5
20時台	17	4	2	6	7.3
21時台	9	8	13	3	8.3
22時台	5	4	4	5	4.5
23時台	3	3	2	4	3.0
0時台	4	2	3	3	3.0
1時台	3	2	8	2	3.8
2時台	5	1	6	3	3.8
3時台	7	3	8	2	5.0
4時台	13	1	2	3	4.8
5時台	18	4	2	3	6.8
6時台	24	35	9	10	19.5
7時台	16	23	1	12	13.0
8時台	9	1	4	10	6.0
計	208	150	86		148

・調査対象－入所者40人のフロア，夜勤者2人。2004年12月に記録

下膳，口腔ケア，排泄介助・オムツ交換，パジャマへの更衣介助を次々と行わなければならない。また翌朝の「モーニングケア」では「イブニングケア」と同じ作業内容を，反対の順で，同じく40人全員に対して行わなければならない。二つの時間帯とも少人数で入居者全員のケアを行う超過密な作業が2～3時間連続するときである。そこに頻回のナースコールが相乗され，更なる過密性が生じているということである。

その結果が勤務中の歩数の計測値（表6-2）にも示されている。歩数が最も少ない日勤でも1万3千を超えているが，夜勤の場合はその2倍の2万4千～2

表 6-2　1勤務時間中の歩数

勤務種別		歩数	計測者
12月9日	夜勤	24377	Ma
12月10日	日勤	13387	Na
12月10日	夜勤	27056	Yo
12月11日	日勤	16833	Tu
12月12日	遅出	23023	I
12月13日	早出	17230	Ta
12月14日	夜勤	27157	Nao

・2004年12月，万歩計で計測

万7千歩が記録されている。つまり日勤の2倍の長さの労働時間を日勤と同じようなペースで動き回っているということになる。

夜勤の作業量の過大さは，いうまでもなく少人数で利用者全員の介助をしなければならないためである。腰部負担が大きいオムツ交換の例でもそうである。昼間なら4～5人で対処するところを，「モーニングケア」では早出者が出勤する前に夜勤者2人で40人のケアを行なわなければならない。時間がないのでベッドは高くしない。そのために深い前傾姿勢での作業となり，しかも全員のオムツ交換が終わるまで連続する。

ほとんどの介護労働者は，夜勤が終わったとき，全身のぐったり感とともに腰のだるさや痛みを感じているのが特徴である。

以上介護作業のなかで腰部負担を過大にしている要因を概観してきた。利用者を抱いたり支えたりすることの過重性を中心にしながらも，その他作業姿勢やベッドなどの設備，夜勤時の過重負担など多要因が関連している。

3　介護作業のリスクマネジメント

● 3-1　予防対策の基本

介護作業の負担軽減や腰痛予防対策の必要性は，いまや政府や業界における

共通認識になっているともいえる。しかし腰痛予防の重要性を一般的に強調するだけでは全く不十分である。これまでも介護現場では，腰痛予防のために，腰痛体操の実施，腰部保護ベルトの着用，作業姿勢の注意などが推奨され，事業所によっては腰痛の特別健康診断も行われてきた。にも関わらず介護現場の腰痛は増加しているというのが，今日の対処すべき問題である。いま必要なことは従来型の対策のどこに問題があったのかを明確にし，それをふまえた予防対策を講じることである。以下，従来の対策を検討しながら予防対策の基本的な観点を整理しておく。

第1は，腰痛の原因に対する対策つまり腰痛を発生させない対策こそが最優先課題であることを明確にすべきである。日本の労働衛生対策は，旧来から，健康診断の実施で病気の早期発見・早期治療をはかろうとする「二次予防」が中心であった。介護施設でも，健康診断の実施が行政監査の項目になっていることもあって腰痛健診が広く実施されている。しかし腰痛の発生は後をたたないのが現状である。発症した，あるいは発症しつつある病気を発見し管理することを目的とした健康診断をいくら積み重ねても病気の発生を抑えることができないのは当然である。作業負担を軽減し，腰痛の発生そのものをなくす「一次予防」こそ重視されなければならない。

今日，労働安全衛生の分野では，労働災害や作業関連疾患を予防する手法として安全衛生マネジメントシステム（＝安全衛生リスクマネジメント）を採用するのが，国際的潮流となっている。このリスクマネジメントは，ケガや病気が発生してからの事後対策ではなく，あらかじめ作業遂行に内在あるいは付随する危険有害要因を特定し，そのリスクをアセスメントし，ケガや病気を出さないようにコントロールしようとするものである。わが国でも厚生労働省から「労働安全衛生マネジメントシステムに関する指針」（平成11年労働省告示第53号，平成18年厚生労働省告示第113号で改正）が出され，製造業などでは一定の展開がみられる。しかし介護や福祉の業界ではその言葉さえも知られていないのが現状であり，腰痛予防のためのリスクマネジメントの導入が必要である。

第2は，「リスクの根源」で対処することを最優先すべきである。腰痛の発生に関与する要因は多様であり，したがって腰痛予防の措置も多面的である。たとえば腰痛の原因や健康管理に関する安全衛生教育の実施，腰部ベルトの着

用，作業姿勢の注意，ストレッチ体操の実施なども一定の効果はある。しかし事業所が最優先で行わなければならない対策は，「リスクの根源」での対処，たとえば介護機器の使用で腰部負担を軽減したり，設備や備品の改善で不良姿勢をなくすことである。

　第3は，介護労働者の安全と利用者の安全は，どちらも守られなければならない権利であり，同等に重視すべき権利である。しかし介護施設の現実では，ヒューマン・サービス一般にみられるように，利用者の安全確保が最優先され，労働者の安全は結果として軽視される傾向にある。両者を統一的に実現するという観点が重要である。

　たとえばこんな事例をどう考えるか。転落のリスクが高いためにベッドではなく畳の上で生活している利用者を，両腕で思いっきり抱きしめて畳から車イスに乗せる，そんな移乗介助も珍しくない。この場合，転落リスクの高い利用者は畳で生活してもらうという方針をとるのであれば，介護者が人力で抱えあげるのは止めなければならない。力まかせの抱え上げは介護者の腰痛リスクを高めるだけでなく，利用者を思いっきりしめつけて皮膚の損傷や骨折のリスクを高めている。つまり，介護者と利用者，両者の安全を統一的にとらえるという場合，介護者に負担となる介護方法は同時に利用者の負担も高めているのではないかという観点が重要になる。このケースではリフトを使うべきである。

◉ 3-2　オーストラリアにおけるノーリフティングの経験

　オーストラリアのビクトリア州ではヒューマン・サービス省が1998年に「看護師の腰痛予防プロジェクト」（以下「プロジェクト」）を立ち上げ，ノーリフティング原則（介護機器などを利用して，抱き上げなど人力のみで患者・利用者を移動・移乗させる介助をなくすという方針）にもとづく腰痛の予防対策を推進した。本稿でこの「プロジェクト」の経験に注目するのは，取り組みの結果としてめざましい成果が上がったからというだけでなく，「プロジェクト」の取り組み方にわが国の現状で参考とすべき点が多く含まれているからである。外国の事例ではあるが，ビクトリア州の腰痛予防の取り組みから教訓を引き出してみたい。

1)「プロジェクト」の概要
①「プロジェクト」立ち上げの背景
　まず「プロジェクト」の基本方針を示した文献[7]から,「プロジェクト」を立ち上げるに至った経過や背景をみておく。
　労災職業病に被災した看護師の自助グループである「被災看護師支援グループ」の代表エリザベス・ラングフォードが1996年に「腰痛が看護師,産業,地域社会に与える影響」と題する調査結果を明らかにした。その問題提起を受けて,1998年に看護職員の労働組合であるオーストラリア看護連盟ビクトリア支部が英国王立看護協会のモデルをもとに「ノーリフティングの方針」[8]を確立した。「被災看護師支援グループ」と労働組合が州政府と交渉した結果,1998年にヒューマン・サービス省が「プロジェクト」を立ち上げた。自助グループによる問題提起からきわめて短期間の展開であった。
　州政府が腰痛予防対策に積極的にのりだした背景として,関係者の間では看護師の腰痛に伴う補償コストの大きさが認識されていた。当時,保健医療労働者全体の労災請求件数の54％以上を看護師の腰痛が占め,保健医療産業が支払う年間5000万ドルの労災保険料の半分以上が看護師の腰痛にかかわるものであった。
　またノーリフティング方針の有効性を示唆する研究報告が存在したことも「プロジェクト」の促進要因となった。たとえば「（リスクの小さい介助法とされる）正しいボディメカニクスは訓練で習得できるが,労働現場には不十分にしか持ち込めない」とする研究,「患者の抱き上げをやめた10施設では看護師の腰痛が平均69％低減した」との報告などが発表されていた。

②「プロジェクト」の取り組み
・諮問委員会の設置とその活動
　「プロジェクト」では,1999～2003年を4期に分けて,111の公的保健医療施設に計835万ドルの資金提供を行った。この「プロジェクト」の全体を管理する諮問委員会を設置し,現場で改善計画を実施するための実践枠組みを作り,実施状況の継続的なモニターと評価を行った。委員会は,専門家やヒューマン・サービス省のほかに労働組合,「被災看護師支援グループ」,職能団体であ

るオーストラリア看護協会，労働安全衛生補償当局，施設の使用者および労働者代表などから構成されている。

・現場における展開

腰痛予防計画を実行する各施設では，「計画」を推進するために腰痛予防委員会を設置し，職務保障がされた専任コーディネータを指名・配置する。「計画」は労災発生状況などを分析し，優先順位の高い病棟・ユニットから実施する。

具体的な手順を示すと，まず実施前に，リスクアセスメント，訓練，機器購入等に必要な予算配分，患者・利用者への情報提供と教育を行う。そのうえでスタッフの訓練を行い，患者ごとに看護計画の一部として「患者移動作業計画」（患者・利用者が入院・入所したとき，その健康状態や残存能力をアセスメントし，個々の移動・移乗について介助方法を決めた計画をつくる。その計画は定期または病状等が変化したときに見直しをする）をつくり実行する。実施後には，実行状況のモニタリングで成果を評価するとともに，実施上の問題点を把握し「計画」を持続させるために必要なことを明確にする。さらに実施後に発症した腰痛については，それを調査しさらなるリスク低減を行う。

2)「プロジェクト」の成果

2002年と2004年には「プロジェクト」の「評価報告書」が出されている。「評価報告書2002」[9]によると，プログラム実施から12ヵ月後に行った看護師を対象とした調査で，「88％の者が所属施設でノーリフティングポリシーを採用している」「88％の者が患者の移動・移乗に介助機器を使用している」「64％の者が患者の移動に関するニーズアセスメントのツールが確立している」と回答していた。また実施後1年間の看護師の労災請求件数は，実施前1年間にくらべ40％減少し，労災補償費用は54％，損失労働日数は74％減少した。これら労災補償費用や損失労働日数の減少は，腰痛の発生件数が減っただけでなく，発生した腰痛も軽症化し1件当りの平均損失労働日数が実施前の100日から77日に減少したことにもよると指摘されている。

また「評価報告書2004」[10]ではコスト・ベネフィット分析が行われている。

それによると，1998年から2003年までの期間中に政府と各施設が負担した全費用は24.4百万ドルで，一方「計画」実施により節減できた費用（労災補償費，損失労働日，その他付随費用の減少）は23.3百万ドル，差し引き1.1百万ドルが純費用であると推計し，損益平衡点は2003財政年度の早い時期（計画開始から5年後）に発生すると推計している。なお「報告書」では，この推計で用いたデータは各施設内で「計画」が未実施の病棟の数字も含んだものであり，「計画」を実施した部門だけに限定したデータが使えると利益はいっそう著しくなるであろうと指摘している。また「報告書」は「この推計には，腰痛によるすべての金銭的間接費用が含まれているわけではなく，さらに個人，組織，およびビクトリアの社会に対する無形の利益も含まれていない」と述べている。コスト・ベネフィット分析の結果は，狭義の直接的経済効果に限った場合でも第一次予防こそが効率的であることを示している。

またこの「プロジェクト」の「評価報告書」とは別に，「ノーリフティングシステム」に関する看護師の意識や態度について行われた研究[11]では「ノーリフティングシステム」を採用すると，看護師の腰部障害が少なくなるだけでなく，「患者にとってより安全で快適であり……患者の自立性を高める」ことも重要な利益であると指摘している。

3）オーストラリアの取り組みから何を学ぶか

はたしてわが国の介護現場にもノーリフティングの実践を普及し定着させることができるであろうか。その条件を探るという問題意識から「プロジェクト」の取り組みを検討すると，以下の点が重要な特徴として指摘できる。

第1は，「プロジェクト」が行った各施設への資金助成の方式である。「資金助成基準」によると，助成を受けようとする施設は，取り組みの理念，専任コーディネータ，スタッフの訓練，機器の保管・選定の手順，労働者との協議組織，取り組みの持続可能性，取り組みの評価，等について「プロジェクト」が具体的に定めた条件を満たす必要がある。たとえばスタッフの訓練についていえば，教育・訓練をとにかく実施したというだけではダメである。訓練の効果を判定するために「プロジェクト」が作成したチェックリストがあり，それにもとづいて適格と判定されたスタッフが80％以上いなければならないとい

うことになっている。ということは「プロジェクト」の実践枠組にのっとった実践を本気でやろうとしている施設でなければ資金助成が受けられないということになる。「プロジェクト」の意図するところは，資金援助の基準をみたす努力を各施設が行うことをつうじて，ノーリフティングの取り組みが現場に定着するための条件整備を行おうとするところにある。きわめて実効性のある資金助成方式である。

　第2は，労働組合の積極的な関与が推進力になったことである。この「プロジェクト」の立ち上げに「被災看護師支援グループ」と看護職の労働組合が大きな役割を果たしたことを最初に述べたが，労働組合の取り組みはその後も継続しており，1998年に採択された「ノーリフティングの方針」も四度の改訂を経ている（現行は2009年版）。「評価報告書2004」では「プロジェクト」が成功した要素の一つに労働組合からのサポートを挙げている。また先に紹介した看護師の意識・態度を調査した研究においても，ノーリフティングに対する看護師の積極的な態度変容と「計画」の成功に労働組合からのサポートが果たした役割を評価している。

　第3は，労働者参加型アプローチの有効性である。「プロジェクト」の立ち上げと実践の枠組みの決定は州政府レベルで行われ，また現場でも経営者の方針表明が取り組みの出発となる。その点だけをみると「トップダウン方式」である。しかし現場での具体的な展開をみると労働者参加が特徴である。各施設で取り組みの推進役となる腰痛予防委員会も現場の看護師や労働組合の安全衛生代表との協議で設置・運営され，購入機器の選定にも現場の労働者が参加する。もちろん患者ごとに健康状態や残存能力をアセスメントし，介助方法を具体的に選択・決定するのも現場である。そして実行段階で直面した問題は管理者にフィードバックされる。

　「評価報告書2004」では，ノーリフティングの実施で腰痛の労災件数が大きく減少した施設とほとんど減少しなかった施設の比較検討を行った結果，改善効果の大きかった施設では，職員に権限を与え決定に参加させるプロセスを重視していたことが強調されている。

　第4は，現場での実践に活用できる具体的なツールが開発されたことである。一つは教育・訓練の後に，看護師のノーリフティング原則に対する理解と実践

能力を評価するためのチェックリストである。これは「プロジェクト」が開発した。また労働安全衛生補償当局は，介助作業におけるリスクとリスクファクターを評価する作業シート及び12の基本的な移動・移乗作業について多様な介護方法を採った場合のリスク評価の一覧表をつくっている。現場ではこれを使って介助方法を選択・決定する。また患者ごとの要介助度の評価や採用した介助方法などを病棟で実際に記録する様式も開発している[12]。さらに労働安全衛生補償当局は医療，高齢者，リハビリテーション，障害者施設の新築・改築にあたって，介助者の負担を軽減する観点から設計上留意すべきことがらを手引書として発行している[13]。

以上みたように看護師の腰痛予防を目的としたビクトリア州の「プロジェクト」は短期間にめざましい成果をあげた。ノーリフティングの原則が看護現場に適用できること，その結果看護師の腰痛が減少し，同時に患者の安全と自立も促進されること，そして何よりも第一次予防こそが経済的にも効率的であることが示された。

4　おわりに：介護現場における腰痛予防の課題

　介護労働者の腰痛対策は，介護サービスの担い手を安定的に確保しサービスの質を向上させるために，個々の事業所で欠かすことのできないマネジメントの課題となっている。さらに国家レベルのマンパワー政策としても，介護労働者の腰痛問題は，超高齢社会のなかで介護サービスの供給体制を真に効率的で持続可能なものにしていくうえで，克服しなければならない課題となっている。具体的な腰痛対策は介護の現場で実践されるものである。職場での取り組みが促進されるような政策の先導と支援が必要である。
　本文で強調したようにいま求められている腰痛対策は，健康診断中心の従来型の対策ではなく，作業負荷を軽減し，腰痛の発生そのものをなくす「一次予防」の対策でなければならない。その具体的な方策の一つが，オーストラリアで短期間にめざましい成果を挙げたノーリフティング原則にもとづく作業改善である。この対策は日本でも導入可能であり，大きな成果があがることは確実

4 おわりに：介護現場における腰痛予防の課題

である。以下，このノーリフティング原則による作業改善を進めていくうえで重要と思われる留意事項を付記して本章のおわりとする。

第1は，ノーリフティング原則による作業改善の意義を労使ともに真剣に捉えなおし，改善が進み定着するまでは，この取り組みをコアビジネスとして位置づける必要がある。

第2は，労働者の主体性を引き出し職場に根づいた取り組みにしていくことが，成功させるうえでの最大のポイントとなる。オーストラリアの経験で示された労働者参加型アプローチの有効性である。施設管理者と各職域・職種の代表からなる組織をつくり，教育訓練されたコーディネータを配置し，各職場にもリーダーを養成することが必要である。

第3は，ノーリフティングの取り組みを日本に紹介し，普及させようとしている自主的な組織がすでに存在し[14]，オーストラリア領事館や日本看護協会などの後援をえながらシンポジウムやその他の啓蒙活動を精力的に展開している。その影響も受けて，ノーリフティング原則による作業改善を試行錯誤しながら進めている施設が現れている。これらの施設の経験，ノーリフティングを導入するうえでの困難や導入の成果などを交流することが，導入期の今は特に重要である。

第4は，事業所レベルで行われる作業改善の取り組みを促進する政府の役割である。厚生労働省では，既に2009年にノーリフティングの観点からの改善事例を盛り込んだ啓蒙パンフレットを作成し[15]，また2009年度からは「介護労働者設備等整備モデル奨励金」の予算措置を行い，介護機器の導入に助成（費用の2分の1，上限300万円）する制度を設けた。その解説文書によると，助成金支給の要件として「導入機器の使用を徹底させるための研修」「導入効果の把握」「腰痛予防の講習」などの実施を必要とし，「（腰痛症状の改善などの）導入効果（が）……基準を下回った場合は，奨励金は支給されません」と書かれており，実効性のある助成制度にしようとする政策意図は理解できる。ビクトリア州の「プロジェクト」が行ったような助成制度の効果測定を期待したい。

第5に，ノーリフティング原則による作業改善は，介護職場の現状からいえば画期的な前進になるが，しかしそれだけでは腰痛の根絶にはならないであろうことを強調しておきたい。オーストラリアの経験でもノーリフティングの実施で腰

痛が大幅に減少したとはいえ,実施後にもかなり多くの腰痛が発生した[16]。介護現場で腰部負担を過大にしている要因は多様であり,ノーリフティングの実施だけでは解決しない問題が多々あるためであろうと考えられる。ノーリフティング原則による作業改善を中心課題にしながらも,その他の負担要因の改善を同時に図ることが必要である。特に夜勤時の過密作業を緩和しなければ腰痛問題は解決しないであろう。

注　記

1) 北原照代 (2007).「介護・看護労働者の労働と腰痛・頸肩腕障害に関する実態調査結果から」『働くもののいのちと健康』働くもののいのちと健康を守る全国センター。
2) 冨岡公子ほか (2009).「介護労働者の運動器障害関連 QOL と職業性ストレスに関する研究」労働科学研究所『労働科学』**85** (1)。
3) 2008 年 2 月 6 日基安労発第 0206001 号「職場における腰痛発生状況の分析について」
4) 労働者が労働災害等で死亡または休業した場合,事業者にはその発生状況や原因等についての報告が義務付けられている (労働安全衛生規則第 97 条)。
5) 「「ホームヘルプ」という仕事―ホームヘルパーの健康と労働負担に関する研究」『賃金と社会保障』No.1250・1251 合併号,1999 年 6 月および「ホームヘルパーの労働負担と健康確保対策」『立命館経済学』第 **54** 巻特別号,2005 年 4 月。
6) 『腰痛の予防対策に関する調査研究委員会報告書』(中央労働災害防止協会,1994 年)。
7) Department of Human Services (2004). *Implementation framework for the introduction /maintenance/extension of nurse back injury prevention programs.*
8) Australian Nursing Federation (Victorian Branch) No Lifting Policy, 2006 (adopted 1998).
9) Department of Human Services (2002). *Victorian nurse back injury prevention project evaluation report* 2002.
10) Department of Human Services (2004). *Victorian nurse back injury prevention project evaluation report* 2004.
11) Engkvist, I.-L., (2007). Nurses' expectation, experiences and attitudes towards the intervention of a no lifting policy. *Journal of Occupational Health.* **49**, 294-304.

12) Work Safe Victoria (2002). *Transferring people safely*.
13) Work Safe Victoria (2007). *A guide to designing workplaces for safer handling of people*. (3rd ed.).
14) 社団法人日本ノーリフト協会。http://www.nolift.jp
15) 厚生労働省・中央労働災害防止協会『社会福祉施設における安全衛生対策』2009年11月。
16) 労災請求件数の変化をみれば，実施後の減少は「評価報告書2002」では40％，「評価報告書2004」では24％でしかない。

7 介護事業における深化と展開

: 質向上のための変革として捉える

田尾雅夫

1 介護労働の特異性

● 1-1 特異性への配慮

　本章ではホームヘルプを事業として考える。すでに第5章で述べたように，ホームヘルプは保険という制度によって私的，つまり民間事業者を含めた事業体によるサービスに移行している。事業としてそれを円滑に稼動させなければ，行き詰まる，つまり，倒産するようなこともある。それを避けるためには質の向上のためのマネジメントをたえず考えなければならない。しかし，繰り返し強調すれば，その事業とは，対人的にサービスを提供し，さらにヒューマン・サービス労働の一部を成している[1]。まずはそのマネジメントが，本来的に非常に難しいことを承知しなければならない。単純にコストの削減だけを考えて成り立つ世界ではない。実際，企業マインドを優先させすぎて，事業が行き詰る例もないとはいえない。

　そこには，ヒトを扱うことの難しさ，ホームヘルプというサービスを挟んで，ヒトとヒトが相対し，モノを扱うように目に見える成果を得ることができないという，対人サービスには固有の限界，あるいは困難さがある（→第5章参照）。したがって，介護を事業として捉え，その質の向上を図るとすれば，それ相応のマネジメントという考え方の導入は不可避である。

　以下では，ヒューマン・サービス労働一般のなかで，介護労働はどのように位置づけられるか，さらに，その特徴を考えながら，事業として捉える場合，その独自のマネジメントの基本的な枠組み，要は前提となる条件について，ま

とめて考えたい。ということは，マネジメントは必要であるが，それが，民間の企業モデルが適用できないのはなぜであるのかについて考えることでもある。そのため組織論としての論点が欠かせない[2]。

1）雇用関係の曖昧さ

ホームヘルプの事業所には，正規の雇用ではない人たちが就業している。その多くが登録ヘルパーである。常勤の被雇用者は非常に少ない。これは新しい勤務形態でり，不安定な雇用形態でもある。経営的な問題を指摘すれば，非正規雇用のものでは，事業体などへの組織帰属が希薄になることや，自らの職業への矜持(きょうじ)などが低下するような変化が少なからずある。一つの経営体に集うという意識が成り立たない，または経営体というアイデンティティが成り立つのかという不安が払拭(ふっしょく)できないこともある。自宅と現場の間の直勤直行を繰り返せば，アイデンティティが成り立つはずはない。

2）組織人としての意識の希薄さ

事業所に対して正式に雇用されていないという気持ちが強くなれば，組織人としての行動はしなくなる。これはいわば派遣された家庭教師のような人たちであり，このような人々が職務として熱心に働く（職務コミットメント）のは，どのような要因によってかという問題である。不規則な雇用であるために，経済的な報酬は多いとはいえない。職場の人間関係も希薄で，また専門的にも中途半端であるために職業的矜持も強固ではない。さらにそのサービス過程，その成果の是非について，だれが責任を負うのか，各自がどこまで責任を負えばよいのかが不明なこともある。組織人として動機づけられていないことは決定的に重要である。

3）サービスにおける二者関係

介護労働は二者関係によって成り立っている。それは，介護される人と介護する人の二者である。サービスの受け手である介護される人たちの多くは自立の困難な人たちであり，何らかの事情でだれかに依存せざるを得ない人たちである。それは，だれかに対して，何かに対して弱い立場，少なくとも生活資源

が乏しく，それを自ら調達できないこと，そしてそのことが受け手自身に，またはその，周囲に与える意味について考えなければならないことを意味している。

物理的な心身の症状，また要介護認定の程度も重要ではあるが，それよりも，介護されるということが，介護される人においてどのような心理的，社会的な問題を招来するのか，さらにそれが家族関係のなかで，地域社会のなかで，どのような問題を生じることになるのかを考えなければならない。

介護する人たちとは，自立への資源を提供できる人たちである。その手持ちの資源を駆使して，介護の必要な人たちを自立に向けて支援できる人たちである。家族における介護を越えた納得できる支援サービスでは，信頼構築を越えて，その技術にたけることが要件となる。この二者関係の現場では，だれも助けてはくれないかもしれないからである。

4) コストの過剰

ヒューマン・サービスにおける二者関係，つまり，サービスされる人とする人が一対一の関係になって，そのなかに適した技術による濃密なサービスを提供できることが理想的である。これはサービスを受ける人と同数のサービスを行う人を投入することを意味している。困難のともなうことではあるが，できるだけ多くの労働力の投入すべきことはいうまでもない。労働集約的であることは，すでに第5章で述べた。本来高コストは当然である。しかし，そのような高コストは理念としては考えられても，それほどの人的資源の調達は，実際にはほとんど不可能ともいえるので，その不足をたえず認識すべきである。そのため少ない資源をできるだけ効果的に活用しなければならない。それができるかどうかがマネジメントの課題である。

5) ネットワーク的関係

介護というサービスは受け手の日常生活における自立を支援するものであるため，それに関わる家族も含めてあらゆる人たちを関係者として巻き込むのは，当然であろう。ホームヘルパーはその中心に位置するが，それ以外に看護師も保健師も介護福祉士も含まれる。プロフェッショナルからそうではない職種まで含むことになる。行政の担当者が関係することもある。労働集約的であるこ

とは，ネットワークが必要であるということでもある。ネットワークのマネジメントは必然である。

要約すれば，ホームヘルプとは，事業所という組織的な要件をそろえた環境のなかで実行されているのではなく，その外で，おもに受け手の家庭で対面的に実行されている。つまり事業所の経営者や管理者が精密に関与できないところで行われている。しかもそれはさまざまな広範囲な関係者のネットワークを下地にしており，その背後にある濃密なネットワーク，つまり社会関係資本の支えを受けて成り立つのである。それを軽視しては介護労働を正確に理解することはできず，またマネジメントの方向を誤ることになる。事業所の中のヒエラルキーによる指示と応諾のマネジメントではなく，事業所の外に広がるネットワーク状に互いが支えあうシステムのマネジメントを考えるべきである。企業における方式と相違するのは当然であるが，病院や施設など（公共の建物のなかで）のマネジメントとも，一部では相違するところが含まれる。

● 1-2 サービスの質向上のために

事業としては，前述の要件を背景に，よりよい成果を出して，サービスの受け手である被介護者から評価されなければならない。その評価は，いっそう身近で，目と目を合わせるところでの評価である（→第5章参照）。互いが1メートル以内に体を寄せ合っての労働である。そしてサービス提供の評価は保健や看護よりもさらにいっそう主観に依存しやすい。評価が主観に依拠しがちであることはどういうことかを考えなければならない。そのためには以下の点が重要になる。

1）共感重視

その労働が日常生活の延長線上にある以上，明日は我が身ということがある。提供者が受給者になる可能性，いつどこで，送り手が受け手になるかわからないという身近さを感じることができるかどうかは，質を決める大きな要因である。共感とそれを身中に入れ込む感性が重視されることになる。なお共感は自発的でなければならないのはいうまでもない。ただし，それを互いに共有することが日常的でありすぎて，共感を先行させ過ぎると，シャドーワーク的にな

り[3]．必要分を送り手，つまりホームヘルパーから強制的に調達するとなれば，二者関係の隔壁が低いほど，また信頼関係ができあがるほど無定量無際限の奉仕労働となり，二者関係に歪みを与えることになる。

2) アドボカシー優先

共感とは介護される人を相手の立場に立って理解することであり，そこからその人を支えるという働きに至らなければならない。介護とは，自立の難しい人の生活を支援することであり，ホームヘルプとはそれをその人の居宅で行うことである。支援という関わりには当然，その人を，その人に替わって支える，あるいは本来近親者（だけではないかもしれないが）によって代行されるはずの人に替わって，この私が支えるというアドボカシー（代弁的な役割）がなければならない。それは，前述の共感重視を行動的に表現することである。ただし，制度的に，行動的に，心理的にアドボカシーを担えるかについては議論がまだ十分ではない。社会心理学的見地から取り組むべき大きな課題であると考える。

3) 責任意識

二者関係でサービスが提供されるのであるから，送り手であるホームヘルパー自身が，その是非について責任をもつべきであり，適切な技術がそれを裏打ちする。それができなければ，ホームヘルパーとしては職業人としての自覚が疑われる。また公共への関わり，つまり責任が問われることである。個人としてのアカウンタビリティ（後述）が必要である。しかし，これは個々の仕事の責任をヘルパーの個々の責任に帰することを，一方的に強調するのではなく，それを全体として支援できるようなシステムがなければならないという意味がある。責任を強調するだけでは，その仕事は萎縮に向かうだけである。

4) 適性に配慮

サービスの送り手は適切な技術を身につけるべきであり，相応の資質や能力を考えなければならない。プロフェッショナルとしての認定は，後述のように難しいところがあるが，少なくとも対人サービスには，人間関係を円滑に処理できる技能，すなわちコミュニケーションの技術が要る。つまり，信用や信頼

を得るなどの，関係を維持させるための基礎的な技能の延長線上に，さらに共に同じ目標に向かって協力し合う雰囲気を構築できるような説得の技術がいるのである。そのためには，リクルートの段階で，このサービスに向いた適性を備えているかどうかの確認も必要であろうし，さらに，そのような技能を取得する機会を設けることも必要であろう。

5) 過重ストレスへの対応

対人的にサービスを提供すると概して人に気を遣うことが多くなる。むしろ，気を遣うことがそのエッセンスでもある。介護労働は，モノを扱うことに比べるとストレスの多い職業でもある。共感もアドボカシーも介護労働に大きな負荷をかけることになる。熱心にその仕事への関与を深めるほどストレスも過重となり，バーンアウトのような不適応症状も予想される[4]。また症状の程度によっては，腰や頸部，腕などへの負担が少なくなるような工夫も必要になるであろう。

要は，適材適所に配慮して，介護労働に不向きな人をあらかじめ資源としては投入しない工夫がマネジメントに期待されるということである。

2　人的資源管理の視点から

● 2-1　人材という考え方の導入

効果的なマネジメントを行うためには，それが労働集約的であること，またそれを担当する人たちの個人的な能力や適性も，その成果に大きく影響することをふまえて，いわゆる人的資源の管理の考え方を適用すべきである。つまりヒトを資源として活かせるかどうかということである。繰り返すならば，それは労働集約的であるほど共感やアドボカシーが欠かせないということを意味する。それらを必須とすれば，コストが大きく膨らむのは避けられない。避けられないことではあるが，ヒトを資源として適正にマネジメントすることは大切なことである。人材の適切な有効活用とは，ホームヘルプ・サービスを経営する事業所にとって，真剣に議論されるべき問題である。

人的資源管理については，以上の論点をさらに詳細に，以下のような領域に分けることができる。

1) 能力・資質と適性

ヒトについて，どのようなヒトが必要なのか，それを満たすに足るだけの資源としてのヒトがいるかどうかの評価がまず必要である。なぜ必要なのかを考えるためには，経営体としての組織目的，あるいは，それを包括したビジョンやミッションに照合して，それを達成するだけの人的資源に不足があるかどうかの確認，つまり評価が欠かせない。

一般的にいえば，人材評価は，以下の3つの軸を重視する。

❶実績：これまでに何をどの程度なしたか。その人の，現在に至るまでの成果を評価する。

❷意欲と態度：現時点での意欲や，仕事に向かう態度を評価する。前向きであることが望ましいのはいうまでもない。

❸可能性，あるいは能力や資質：今後の可能性を評価すること。潜在的な能力や資質が評価されるが，難しいといわざるを得ない。

それらを組み合わせて人的資源としての評価を実施する。実際にはどのように組み合わせるかが重要になるが，それは事業所のおかれた状況による。❷や❸が重要になることもあれば，緊急に何かをしなければならないような場合では❶を重視すべきである。どのような人材を資源とみなすかについて，確固とした方針がなければマネジメントは失敗する。事業所としてどのような人をどのように評価すべきであるかという論理を，大枠として，基本的な方針として構築できていないと，受け手を含め大方の納得を得る人材管理，あるいは人的資源管理にはならない。最終責任を有するトップマネジメントの役割が重要であるとされるのは，このことによる。

なお，評価がもっとも重要であるのは，採用時においてである。その組織の目的の達成に貢献するであろうと評価される人を採用すべきであることはいうまでもない。貢献しそうではない，資質の欠ける人を採用すれば，事業自体に過剰なコストを負荷する。

2) どのように育成するか

現状の把握とそれに対応できる人材を評価してその間にギャップがあれば，その欠けたところを埋めなければならない。人材育成である。

どの部分をどのように育成するのかは人的資源におけるもっとも重要な論点の一つである。これを，組織の目的やビジョン，ミッションに照合して不足した技能を補う部分と，経営体としてより効率的にマネジメントするためのより一般的な技能の部分とに分けて考える。

　前者の多くは，組織が目標達成に伴う技能の不足部分を補うことと重なっている。今，何が問題か，発見して，それに対処できるような技能を組織的に修得することである。望まれる技能，不足する技能の，いわゆる棚卸し的な作業が必要であろう。それを補うのは時宜を得た研修である。研修システムの充実は，今後いっそう望まれることである。

　次いで，後者の育成は，組織全体のマネジメント効率を向上させるためのものである。つまり有能な経営管理者を育成し，適材適所に配置させるためのプログラムの工夫である。そのためには，的確に判断でき，それを実行させるための能力が必要である。実行に移すためにはタテとヨコの連絡調整が欠かせない。そのためにコミュニケーション能力は必須といえる。

　これは広い意味で，対人関係を展開できる能力，サービスの受け手も含めた関係者など他人を説得できるかどうかということであり，そのためには，自分の考えや意見を言語化できるかどうか，そして自分の意見を他人に表現できるかどうかが問われる。従来は，以心伝心が重視されたが，それだけでは他人を納得させられないため，言語化の技術が不可欠となる。何が問題か，問題点の把握を適確におこなっても，それを他に伝えることができなければ何もできないも同然である。問題の共有のためにはコミュニケーション技術は不可欠である。

　以上の要件を備えた有能な人材を育成するためには，単に育てるだけではなく，育てた以上それを維持，発展させるためのバックアップ（支援）のシステムが必要である。それが適切な人事考課である。望ましい技能を修得させるためには，それを積極的に評価しなければならない。また修得したものを意欲的に評価されようとさせるためには，貢献と報酬の均衡は不可欠である（組織均衡，または心理的契約とも呼ばれ，その組織のために貢献しようという意欲を支える）。要は，育成は支援システムの裏打ちがなければならない。

3) 活　　用

　育成された人材は活用されなければならない。万能な人はいない。育成が順調であっても人材には向き不向きがある。望ましい，あるいは必要とされるサービスと，それに相応しい人材を適合させることが，人材活用の基本である。不要とされるところに不要な人材を配置することは人的資源の浪費である。優れた人材も働きどころを得て初めて人材となる。ヒトという資源を腐らせないことである。まさしく活用とは適材適所である。キャリア管理と言い換えてもよい。どの程度可能であるかは，事業所によって相違するが，キャリア・パスを考えることでもある。向き不向きを考えて，それに相応しい仕事があれば，それに特化させるようなマネジメントも必要になるのではないか。とくに長く仕事を続けるような場合，相応のキャリア管理は欠かせない。

　それに加えて重要であるのは，活用するにあたって，これに至るまでの評価も育成も現場の第一線でこそ，その成果が問われるということである。現場で評価され，その不足が指摘されて，その不足が研修などで補充された人材は，ラインの中でその期待に応えるべきである。応えることができない場合，自身の実力の不足として評価されるが，再教育や研修がないままで不足と断じることは適切ではない。

　要は，評価と育成は支援を担当するスタッフの責任ではあるが，活用はラインの課題である。できるかできないかは，現場即応的に考えることである。現場のラインが稼動するかどうかが重要になる。さらにいえば，有為の人材は，それを活かす経営管理者に出会えてはじめて有為の人材になるのである。評価され，育成されて現場に送り込まれても，有為な人材として活かす人がいなければ用をなさない。活用のためには，その人が資源となるための媒介がなければならない。その媒介の役割を果たすのがマネジメントの役割である。逆にいえば，評価はマネジメントのためにある。

　さらに，活用の度合いについて評価を与えた人が，その不足を本人に知らせたり，人事などのスタッフとの連絡を密にしながら，育成の機会を探るというサイクルが必要である。この場合の現場対応の育成は，メンタリング（その人のキャリア育成に配慮した指導）とかコーチング（技能を伸ばすための個人的な指導）などといわれている技法である。これも実力発揮を促すために，現場でのマネ

ジメントには必須のことであろう．人的資源管理は，非常に現場的である．現場の工夫次第であるといってもよい．

● 2-2　現場でのマネジメントの工夫
　現場の工夫を具体的に，以下のような3つの処遇の問題において考えたい．それは，意欲，あるいはモチベーション管理，プロフェッショナルとしての処遇，サービス資源の共有化である．効果的な処遇はサービスの質の向上に貢献する．

　1）　意欲，あるいはモチベーション管理
　ホームヘルプ労働を担う人，とくにホームヘルパーの意欲をどのように向上させるかということである．それは前述のように，一対一のサービスという労働集約的な形態で，サービスを提供する人たちの意欲や熱意がそのままサービスの質に関わってくる．それが乏しければ，質の低下を招き，それが積み重なれば，地域社会から得る信用や信頼を低下させ，事業所として成り立たなくなる．
　ホームヘルプを担う人たちが，それぞれ熱心に，そして，ストレスの少ない状況で働くことができれば，疑いなくその事業所の業績は向上に向かう．そのためには以下のようなモチベーション管理が必要になる．
　❶サービス技術への自信
専門家としての自信を植え付けることができるか
　❷現場裁量，あるいはエンパワーメント
現場での自律的な，そして良質の判断を，どこまで許容できるか
　❸適正な評価，それに対する適正な報酬
仕事の質を評価して，それに報いることができるか
　❹前向きの職場風土の醸成
熱心に働こうと，互いに支え合おうという雰囲気ができるか
　❺対人的なストレスを少なくする
嫌になるとか，徒労だとかいった気分を少なくできるか（バーンアウトの防止である）

以上の管理手法は，他のヒューマン・サービスの事業体も含めて，あらゆる経営体で有効とされる経営技法である。介護の場合，小さな事業所が多いが，なおいっそう職場の人間関係が重要になる。登録ヘルパーで直行直帰でも，孤立的な気分を放置するとモチベーションが低下するのはよく知られており，改善の必要があることはいうまでもない。仲間の存在や，支え合いはモチベーション管理の肝心をなしている。

2) プロフェッショナルズとしての処遇

ホームヘルパーをプロフェッションとして捉えるかどうかについては異論も多い。しかし，少なくとも対人関係の専門家ではなければならない。

介護労働も専門的な知識を必要としている。その知識が高度であるほど，それを担うのがプロフェッションとされる。そして，それを方向付ける考え方や動向全体を指してプロフェッショナリズムという。あらかじめいえば，ホームヘルパーは正確な意味においてプロフェションではないが，その方向に向かいつつある。以下に述べるが，介護労働者は近年プロフェッショナリズムの影響を受けつつある。

プロフェッションとは何かという要件については詳細な定義がある[5]。大枠でいえば，以下の専門性と自律性を備えた職業である。その要件をホームヘルパーは備えているかどうか。もし不足であれば，備えるためにどのような工夫が要るか，また備えることを必須とすべきであるかどうかについても議論の必要がある。

専門的な知識や技術　プロフェッションとなるには，高度の知識や技術を修得していなければならない，またそれを実際的に活用できなければならない。つまり専門性が必要なのである。そして専門性は体系的でなければならない。医師に医学，弁護士に法律学はその典型である。体系的であればこそ安易な知識を退け，その使用に対して専門的な権威（professional authority）を行使できる。素人には専門的判断ができず，判断のための資料を入手できることも難しく，また判定する機会もない。

自律性　専門的な権威によって，組織のなかのフォーマルに定義された権限関係から離れて，自らの職業上の要請に従って仕事をすすめることができる。この自律性も必要である。プロフェッションは組織の権威に対して干渉されない立場を堅持できる。あるいは，堅持しなければならない。その自律性は発達して独自の文化を生み出すことになる。彼らは，独自の行動規範によって，他の社会集団からは閉鎖的に，何が意味のあることか何が価値的であることかについて，暗黙の行動細目を定めている。

　これらの要件は医師や弁護士について典型的にみられるが，キャリア的成熟を遂げたとみなされ，社会的な威信も大きい。自営が可能であるが，組織に勤務する場合でも給与が高いのが普通である。その成熟の極は職業資源を独占することであり，名称独占や業務独占といわれるものである，その職業名称をもった者しかサービスが提供できず，そのサービスは名称を得たものによってしかなされない。しかしそれに加えて，そのモデルを広く適用させようとする運動が，プロフェッショナリゼーション（専門職化）である。より下位のプロフェッションによる社会運動であると認識すればよい。いわば威信の再配分に関わる社会運動である。古典的には自立自営であったが，被雇用プロフェッションを視野に入れざるを得なくなった。看護師やケースワーカー，そして教師などである。

　プロフェッションという概念は広がりがあって，その外延が広い範囲に及んでいる。しかし，以上のような特徴を備えていない専門家，あるいは知識を担当する人たちもいる。エキスパートやスペシャリストまでも含めてしまうと，プロフェッションの組織の内部での役割を正確に捉えることができない。少なくともこれらの職種とは区分すべきであるし，プロフェッションの中でも，典型的，そして古典的ともいうべきプロフェッションと，それほどでもない準，あるいは中間的なプロフェッションとは区別したほうがよい。

　実際，ジョンソン大統領政権の時期，「偉大な社会」を実現するための一環として，即戦力として，または便宜的なケースワーカーが促成された。これらはパラプロフェッショナル[6]（Austin,1978）として概念化されたが，労働提供を主とするプロフェッショナルである。ホームヘルパーの場合は，厳密にいえばこれに近い。

他方，それらを備えたプロフェッショナルは，同業者同士で互いにかばいあうこともなくはない。同僚による統制 (colleague control) がなければ，評価ができないという難しさもある。さらに，プロフェッションは，その高度の専門的な知識と技術によって，素人にサービスを提供している。素人は素人であるためにプロフェッションとの関係は対等ではありえない。この情報の非対称性については，素人の非専門性に対する特権的ともいえる一方的な支配関係にある。その一部がストリート・レベルのビュロクラシー[7]につながっている。

　介護労働は公共の福利と密接に関連しているので，勝手なことは許されないという規範も根強く，サービスの送り手の彼らの行動を拘束している。職業的な特権に見合うように，公共の福祉の向上に貢献しなければならない。そのために，独自の倫理綱領を備えている。プロフェッショナルとして成熟に向かうほど，倫理との関係は重視されるようになる。これは公人の理念と絡まり，後段で述べるアカウンタビリティとも重なることでもある。

　以上のことを，ホームヘルパーの場合についていえば，専門性の由来するところ，たとえばその詳細な職務分析を行って看護師などと比較すれば，たえず人員の入れ替えがあり，しかも不安定な雇用である。専門的な技能の蓄積が少なく，プロフェッショナルであろうかという疑問は大いにあるとされる。また，ケアプランを立てるケアマネジャーと，それを実行するホームヘルパーとの関係は，自立や自律を重視する専門性の議論とは隔たって，ヘルパー自身の専門性については懐疑的にならざるを得ないところも少なくない。つまり，ヘルパーはプランにしたがって，決められたサービスを提供するだけであり，サービス・マシーンというだけ，現場で自由に裁量できる余地はほとんどないというのである。

　さらに，専門的な技能は必要か，ホームヘルパーの専門性についても，他の専門職の人たち（たとえば看護師など）と比較して，中間的な専門職として位置づけるという考え方がある。というのは，サービスの受け手，被介護者との関係において，プロフェッショナルの要件である専門性や自律性が不足しているところがあるからである。たとえば，医師や看護師の場合は，そのサービスは体系的に整備された知識や技術を背景に提供されるのが当然とされ，その間違いや不足について，受け手が注文を付けたり異議を唱えることは滅多にない。

異議を申し立てても，多くの場合専門性の壁によって拒否される。しかし，他方でたとえば，家政婦とも大きく相違している。ヘルパー自身が，そのサービスの受け手に雇用されていて，多くの場合，その注文に応じるということでもない。自律といっても専門的な関与の余地は大いに残されている。受け手の自らの生活を維持したいという意欲を支援するためには，場合によっては，受け手の意向に逆らっても，サービスを提供しなければならないことも大いにあると考えられる。これらが中間専門職，あるいはセミプロフェッション（準専門職）という用語が適切であるとされる所以である。

このような職種にプロフェッションとしての要件に何が必要かといえば，いうまでもなく，善意であり暖かさである。プロフェッションには階層があって，医師や弁護士のようなフル（完全）プロフェッションになるほど，高度な専門性を背景に，専門性以外の要求を削ぎ落として，いわば人間的な暖かさよりも，客観的な事実を重視してサービスを提供するようになる。しかし，本来，プロフェッションの成り立ちは，（とくに，キリスト教世界では）弱い人，困った人を援助することから始まっている，少なくとも暖かさをその基盤としているのである。

技能的に制約を論じるだけでは，職業的な特異性を論じ切ることができない。医師や看護師との違いを強調するだけでは見逃すことになる特異性がある。

3) サービス資源の共有

だれが介護するのか。これは公助だけではなく，また公的な介護サービス従事者，つまりホームヘルパーだけではない。家族やボランティア，あるいは非公式的なサービス提供者も含まれる。地域社会全体がセルフヘルプ的に，介護労働に加わっていると考え，その間に緩やかなネットワークがあるとみなすと，その労働の基本的な枠組みがみえやすくなる。このような連携関係，つまりサービス資源を融通することで，よりよいサービスを提供することができる。そのためには，ネットワークによるサービス資源の共有を図らなければならない。互いにそれぞれ乏しいながらも，そのなかで資源を共有しあっている。

● 2-3 好ましいサービスとは何か

　以上の現場マネジメントの工夫として，3項目の具体的な処遇について論点整理を試みたが，それは，ホームヘルプ・サービスの是非や可否を評価することに必ずつながる。しかし，評価はやはり難しい。これには，第5章ですでに述べた評価の限界があるからである。サービス労働本来の特異性，つまり明確ではなく不可視・不可触の成果ということがあり，クライエントの満足，いわば消費者満足を主観的にしか評価できないことがある。自立支援によってクライエントの生活が変化，向上してもそれを成果として評価するための何が変化なのかを明示する，客観的で正確な，そして決定的な指標はない。まして向上のない慢性疾患や寝たきり老人などのクライエントに対するサービス提供の成果をどのように評価するか，評価の議論には限界がある。

　またそれが，基本的人権に配慮し，社会規範への遵守といった基準で評価されるので，実態との乖離がある。クライエントである受け手をも含めた広い正当性の賦与が欠かせられないとされれば，当然それに抵触しないような後ろ向きの考えや行動になりやすい。前向きに，何を具体的にすればよいのかわからないようなこともある。社会の監視（金魚鉢のなかの金魚[8]）などは，クライエントとの合意以上の具体的なマネジメント施策を示唆してはいないため現場では右往左往するということもあるのではないか。

　しかし，それでも評価から逃げることはできない。より望ましいホームヘルプのサービスとは，どのような論点から論じられるのか。現状では，事例報告として論じられることが多いようである。これらが蓄積されれば，その総体は，非常に多くの有意味な示唆を含んだテキストになるであろう。しかし，この議論を展開しても，ホームヘルパーそれぞれの，いわば特異な技能の紹介の域を出ない可能性もある。

　介護労働が，全体としてより質的に向上を目指すのであれば，個々の事例ではなく，一般化できるものをまず捉え，それに依拠して，個々の事例の平均からのどの程度逸脱しているかを考える手法に立つことも必要である。

　いわば〈淡々と〉日々の生活を支えること，そのために，ホームヘルプには，
・どのような作業細目が要るか
・それに対して，どのような負荷（ストレス）が掛かるか

・またそのために，どのような個人的資質を必要とするか
・それにどの程度耐えうるか

などを考えるべきで，そのために個々の事例を織り込みながら，一般的な，サービス・モデルの構築を考えなければならない。当然事例（失敗事例も含めて）の公開と，それをシステマティックに蓄積することが何よりの前提である。

1） サービスの質の向上のために

ホームヘルプ・サービス，さらにより一般的に，介護労働の質的な部分を向上させるための方途として，ルーティン化できるところと，できないところを区別することが重要である。さらに経営管理のためには，ルーティンとして提供できるところはプログラム化して，できるだけ余分な手間を省けるように作業の標準化を図らなければならない。そのためのモデル化を正確に行うべきである。この部分は無定量無際限ではない適正な作業とは何かを計量的に表示し，だれもが慣れれば，直ちにできるようになる部分である。

しかし，介護はそれだけに尽きるものではない。サービスの相手方の不都合とはさまざまであり，特殊個別的である。それに逐一対処するというのは，過剰な負担を伴う場合も含めて，少なからざる努力がいる。必ず例外がある，逸脱例があることを認識していなければならない。逸脱した事例に対しては，そのためにどれくらい特異な作業，資質が要るのか，それが，個人的な努力の限界を越えるようなことも少なくない。

そのために負荷されるストレスも相当なものであるために，その軽減を図ることも必要になる。また，相手が好ましい感情をもつことが何よりも好ましい成果であるとすれば，介護する人が，その仕事に生き甲斐を感じるべきである。嫌々の仕事は，好ましい成果やサービスを提供しないであろう。そのためには，その職業の社会的な地位の向上も考慮されるべきである。クライエントや社会の信用や信頼を得るために，プロフェッションということが議論されるのも，このことの延長線上においてである。そうなるために，それに少しでも近似するために，制度的な対応も考えられなければならない。

以上は，すべて適正なマネジメント・システムの構築ということで繋がっている。

2) アカウンタビリティ

　アカウンタビリティ（accountability，結果責任，報告責任，合わせて結果報告責任とも訳される）は，組織の評価におけるもっとも大きな基準となる。要は成果の重視，つまり何をしたか，できたかできなかったかを利害関係者に報告することであり，レスポンスビリティ（遂行責任）と対比で論じられる。また情報公開（ディスクロジャー）と連動している。たとえ成果が得られなかったとしても，その経過とその理由を説明しなければならない。それは，信頼関係の構築，受け手とその家族を含めた環境アクターとの信頼関係を構築することでできる。さらに，資源調達のコストを低減にも貢献する。行政との連携が多くなるほど，パートナーシップが不可欠になるほど，その組織としての活動の可視性と公的な監査（visibility and public scrutiny）が必要になる。アカウンタビリティ，つまり何をしたか，その成果を報告する責任である。このことは，公共セクターで議論されてきたモデルをそのまま適用できる。組織の内外から生じる期待に対して，公的な立場からどの程度それに応えることができたかを説明しなければならないからである。

　小規模の事業所では，語弊のある言い方をすれば，都合の悪い情報を隠すこともあるかもしれない。受け手が疑心暗鬼になるような状況を察知すれば事前に積極的に情報公開して信頼を得ることもできるが，情報を隠すことで関係者が気づいたときには，修復不可能なところまで問題が悪化していたなどもあり得ないことではない。利害関係者からの信頼を持続的に得るためには，アカウンタビリティは不可欠の要件である。そのためには情報公開が欠かせないことでもある。

　また，アカウンタビリティとはミッションと対比されることで評価される。ミッションは組織の内に対してよりも，むしろ外に対して発せられるので，その組織によるミッションの達成度が，即座にその組織の評価基準となるのである。気心の通じる仲間だけでミッションを確認しあっても，活動はやがて惰性に陥ることになる。ミッションの達成度を，たえず外部の関係者によって監査を受けるようにすることである。これはアカウンタビリティと密接に絡んでいる。

　ホームヘルプの場合，民間業者が多く参入しても，公共サービスの一部であることに変わりはない。公的な責任を担うことは明らかである。そのための

サービスのモデル（適切な，または，最良，最高のサービスとは何かという）の構築が求められている。それは，ただの授受関係ではなく，そこへ心理的・社会的な要素を追加して考えなければならない。

　ホームヘルプ・サービスは，それが受け手である要介護者にとってどの程度好ましいものであったか，その適切さについて問われればそれに応えなければならない。つまり，結果責任であり報告責任，つまりアカウンタビリティである。ただサービスを提供すればよいということではない。遂行責任としてのレスポンシビリティとの差異が鋭く問われる。

3）事業所としての評価

　すでに触れたように，さまざまともいえる受け手に合わせた差別化による対応が欠かせなくなる。しかし，差別化によってルーティンから個々の受け手に標準を絞った個別管理に移行するほど，マネジメントに非常な負荷をかけることになる。クライエントがだれであるから，このサービスを提供しなければならないといったそれぞれが個別にもつサービス需要に応えなければならない。これはサービス過程を複雑にしてコストを大きくする。しかし，避けられることではない。

　この差別化にはいくつかの論点がある。

　必要性　　一つは，介護における必要性である。要介護認定があるように，障害の程度はさまざまである。その障害の程度によって，サービスの量が相違し，その技法が違えば質も相違する。家事の支援と身体的な介護，さらに心理的な相談や生活の質の向上などは，質も量も相違する。一括してのプログラム作成などあり得ないことである。

　階層性　　次に，階層化の促進ということがある。生活に余裕のある人たち，ない人たちをさらに差別化するようなことがある。経済的に良質のサービスを受ける人もいれば，それができない人もいる。高齢者になれば，資産の差が大きく広がり，保険によってある程度の差は解消できても，それを越えると格段の相違がみられるようになる。

活用性　さらに，サービス利用の巧拙とでもいえばよいであろうが，上手に活用する人たちとそうではない人たちが，どのように相違するかも問題である。情報近接による有利さ（親族，同居，資産の保有など）などもあり，地域ネットワークにおける相違，たとえば，都市域に居住すればメリットが大きいようなこともある。

　それらの差違をなくするような万全の方策はない。これらの差別化を均して，サービスの公平や公正を図ることがマネジメントである。必要なところへ必要なサービスが行き届いているかどうかである。そのためにホームヘルプはマネジメントを必要としている。

4）効果的な事業所とは

　以上の経営管理のためには，それを行う事務所が機能的に稼動しなければならない。マネジメントを担当する幹部職員がいて，企業と同じように中長期の戦略を練り，その実現に向けて，経営資源の調達を図り，よりいっそうサービスの量的な拡大と質的な向上を図るのである。

　中長期的な見通し　当面のサービスの管理は当然重要であるが，経営という視点からは，来年のこと，再来年のこと，そしてそれ以上の今後の展望を考えるべきである。自転車操業で，今日のこと，明日のことだけで精一杯という事業所も多いのであろうが，ミッションとも絡めて少しでも長期的な展望をもたないとマネジメントにならない。

　資源のできるだけ低コストの調達　労働コストに多大の負担が行きがちなので，不要なコストはできるだけ少なくしたほうがよい。コストをできるだけ少なくできるような資源調達は欠かせない。このコストの判断が，中長期的な戦略と密接に対応している。他の事業所との資源共有も視野に入れることがある。

良質のホームヘルパーの雇用　　労働集約的であることを前提していえば，人という資源は低コストで調達したいというところであるが，それはできないことである。それはサービスの本質である信頼や信用と密接に関わっている。低コストを徹底すれば，人材が逃げる。その結果受け手から信頼されなくなる。ホームヘルパーというサービスの最前線にはできるだけ優秀な人員を配置することが必須である。適性のある人的資源の調達は，マネジメントの基幹を成している。これには研修や再教育など育成も含まれるが，よりいっそうの優秀な人材にすることも当然のことである。

　現場サービスとそれを支えるスタッフの協働関係の構築　　これは，相互のコミュニケーションの円滑化が最大の関心事である。ホームヘルパー同士の協力関係は重要である。直行直帰の勤務形態がしばしばとられるが，仲間という職場集団が形成されないとモラルが高くならないこともある。相談をしたりして互いに支え合うような工夫は不可欠である。
　ケアマネジャーとホームヘルパーの関係も議論されるべきである。ただケアマネジャーのプラン通りにホームヘルパーがサービスを提供するだけでは，いわゆる血の通ったサービスができるかどうかは疑問がないとはいえない。協働関係の形成は，経営的にもっとも配慮しなければならないことである。

　よりよいサービスのための評価の実施　　ルーティンに関わるほど，サービスの劣化に備えることが必要なる。評価という見直しを絶えず欠かさないということが，サービスを良質にする。　より大きく制度的な仕掛けとしては，オンブズマンとか第三者評価機関の設置が議論されるようになるであろう。

　行政との関係の重視　　市町村など基礎自治体との関係を考えなければならない。介護とは公共サービスの一部を成している。自助，共助，公助の均衡を考えるべきである。自助で充足すること，家族へ過重な負担をかけないこと，共助に転嫁することなどが起こりうるが，そのためのコミュニティである。地域の役割を考えなければならない。さらに，行政の果たすべき役割について論じるべきである。十分な資源がないとしても，その位置づけは

大きいものがある。結局その3者の協働、つまりパートナーシップを考えざるを得ない[9]。

3　ネットワークによる補完

◉ 3-1　ネットワークとプロフェッション

　プロフェッション管理の要諦は、その知識や技術をどのように活かすかということである。そのためには組織のマネジメントに配慮したタテ関係の枠組みをまず前提として、そのなかでどのように、どのようなヨコの関係を構築するかである。一つには、職種間で相互依存的なネットワークの構築を図ることである、二つ目には、相互依存を前提として、関連するプロフェッションのなかで、何か問題が起こればそれに向けて合意形成できるように考え行動できなければならない。ネットワークをただちに、あるいは日常的に稼働させることを当然とする価値意識が醸成されていなければならない。三つ目として、そのなかでは最大限、職業的な自己実現の可能性を図ることである。プロフェションの心理は、貢献と報酬のいわゆる組織均衡だけでは生き甲斐、働き甲斐を得られないということである。ヨコの関係は、その機会を大きくするのに役立つことになる。

　一つの職業集団だけで良質のサービスを提供するのは難しいことであり、できないこともある。多くの相互に関係しあった資源を必要とし、また活用しなければならない。その意味で相互依存である。その関係をネットワークとして成り立たせて、制度としてマネジメントへ組み込み、チーム的な協働作業をデザインする必要がある。技術的な視点からいえば、概してプロフェッションは高度の知識・技術を有しながら、それでも自信がもてないところがある。目の前に問題がある、しかしそこでは複雑に絡み合った利害関係者が互いの利害を主張して譲らない。それが長く続くと憎しみや憎悪に転じうる。その関係に立ち入って、絡まりあった糸をほぐす役割が必要になることもある。その場合、行政の関与が望まれることになるであろう。

　また、誠意や無定量無際限の努力も必要とされるようなことはあるが、それ以上に、絡まった糸を解きほぐすためには説得の技術が要る。それらを動員し

て，調停や調整に腕のみせどころがある。だれにとっても，むしろ三方一両損の場合が多い。サービス資源が少なくなるほど，だれにとっても結果が思うようにならないことも多い。しかし，目の前に，仕切りの腕前を期待している人がいる。とすれば，その期待に応えるためにも有能なプロフェッションでなければならない。

● 3-2　実践的な対応，あるいは即時即決的な対応

　何はともあれ，期待に応える，結果はそれからという考え方がある。ハーセンフェルド (Hasenfeld, 1983) によれば，これは実践イデオロギー[10]ということになる。何が何でも当面，何かをしなければならないのである。非合理性の極致であるといってもよい。実際，サービスは概して，目標と手段の関係を明示できないことが多い。それだけではなく，達成，あるいは成果が曖昧になることも多いので，その場の成り行きにまかせてしまう。成果の評価さえできないことがある。結局，評価は主観であるので，クライエントが満足できれば，成果は得られたということになる。語弊はあるが，プロフェッションで，とくに成果が曖昧なところに入り込むほどの，口八丁手八丁の論理が優先されるというようなこともないことではない。

● 3-3　行政施策による支援

　再度いえば，介護労働の質を向上させるためには，行政の支援，または関与が欠かせない。ネットワークの構築も行政の支援を不可欠とする。介護の事業所を結節点としてネットワークの構築に，行政がどのように有効な支援を行うかによって，質は低下もするし向上もする。相互依存的，相互支援的な関係の構築が不可欠である。また，いわゆる自助，互助，公助のなかで，事業所をどのように位置づけるかも課題となるであろう。質の向上のためには行政がどのように関わるかは非常に重要なことである。

　そのことはまた，第一章や第四章で述べた制度論とも関連することである。本章で繰り返し強調したいことは，ホームヘルプを事業として展開することは，そして質を向上させるためには，通常の企業経営よりも難しい問題がある。生半可な努力では済まない。マネジメント，とくに人材マネジメントに欠けた事

業所は早晩撤退することになる。

注　記

1) 本章の詳細は，拙著『ヒューマン・サービスの組織』（法律文化社，1995 年）と『ヒューマン・サービスの経営管理』（白桃書房，2001 年）を参照されたい。人が人に対してサービスを提供する医療や福祉の組織の特異性，とくにその難しさについて論じている。ホームヘルプ・サービスを提供する事業体も，これに含まれる。マネジメントは，企業を起こすよりも難しいことがあると考えるべきである。
2) 組織についての議論一般は，桑田耕太郎氏との共著『組織論』（有斐閣，1998 年）を参照されたい。そこで展開される議論とは，相当程度乖離を感じるはずである。その率直な気持ちが，介護労働のマネジメントを歪めない第一歩である。
3) シャドウ・ワークについては，イリイチ『シャドウ・ワーク』（玉野井芳郎・栗原彬［訳］，岩波書店，1982 年）に詳しい。
4) バーンアウトについては，田尾雅夫・久保真人『バーンアウトの理論と実際』（誠信書房，1996 年）に詳しい。
5) プロフェッションの詳しい定義は，『ヒューマンサービスの経営』（白桃書房，2001 年）の 86-90 ページを参照。
6) Austin, S. G.（1978）. *Professions and Para-Professionals*. Human Science Press.
7) Lipsky, M.（1980）. *Street-level Bureaucracy* Russel Sage（田尾雅夫［訳］（1986）. 行政サービスのディレンマ　木鐸社）
8) Cupaivolo, A. A. & Dowling, M. J.（1983）*Are corporate managers really letter?* *Public Welfare*, **41**, 13-17
9) パートナーシップについては，「市民と行政のパートナーシップ」（水口憲人・北原鉄也・真渕　勝［編著］（2000）. 『変化をどう説明するか（行政篇）』木鐸社に所収）を参照。
10) Hasenfeld, Y.（1983）*Human Service Organaizations* Prentice Hall.

あとがき

　本書の執筆のきっかけは，以下のような次第であった。介護保険が始まる2・3年前，滋賀医科大学予防医学講座（当時）の西山勝夫教授が中心となって開催していたヒューマン・サービス研究会に，佐藤が重田に誘われて参加し，何回かの研究会を通じて田尾と親しくなり，その後，介護労働について別の研究会を立ち上げることになった。介護保険のスタート直後には，大学コンソーシアム京都からの支援も受けて，京都市内の在宅サービス事業者を対象としたアンケート調査も実施した。その後も，ゆっくりとしたテンポで研究会を開催し，外部から介護事業者をお招きしたり，特別養護老人ホームなどの介護施設に聞き取りに出向いたりしながら介護労働について意見を交換してきた。2000年代の半ばには，久保も加わり，議論の幅も広がることになった。

　本書の執筆者は，専門領域を異にしている。田尾は経営学，久保は社会心理学，重田は社会医学，佐藤は社会政策学を専門としている。専門領域の異なる4人が，介護労働についてそれぞれの立場で自由に議論して出来上がったのが本書である。その点で，本書はいわゆる介護の専門書とは，色合いが異なっている。また介護保険の制度や事業運営の解説を目的とするものでもない。介護保険がきっかけとなって進んだ「介護の社会化」あるいは「介護サービスの市場化」がもたらした，そして今後も，もたらすであろう社会的含意とそれへの対応を探ることが，本書のねらいである。

　研究会がスタートしてから10年余，その間執筆者にも変化が生じた。田尾は勤務校が変わり，佐藤と久保は海外留学のため日本に不在の時期があった。状況が変わる中でも研究会を継続できたのは，そもそもこの研究会が，明確な到達目標を定めず，いずれは研究のまとめをする機会もあるかも知れない程度の暗黙の合意のもと，それぞれの状況と問題意識に応じて柔軟に研究会を続けてきたことによる。4年ほど前に，ナカニシヤ出版の米谷龍幸さんから出版のお話をいただいたことを契機に，やっと研究の成果をこのようなかたちで世に問うことができた。

　とはいえ私たちの研究対象である介護サービス（労働）の解明は，一筋縄で

はいかない。それぞれの専門領域からアプローチを続けて行ければと願っている。そのためにも従来の介護の専門書や解説書とは異なった視点から書かれた本書を，介護の現場で働く方々に手にとっていただき，さらには興味をもって読んでいただいて批判をしていただくことが，執筆者たちにとっての鞭撻となろう。

2012 年 12 月
執筆者一同

事項索引

あ
アカウンタビリティ　89, 129, 137, 141, 142
新しい公共　75
アドボカシー　129
新たな支え合い　71
安全衛生マネジメントシステム　114
安全衛生リスクマネジメント　114
安全配慮義務　104

一次予防　114
医療法人　20, 69

NHS（国民保健サービス）改革　7
NPO 法人　21

大手介護関連企業　9

か
介護　1
　——給付費抑制　61
　——サービス市場　7, 8
　——サービス情報の公表制度　53
　——の社会化　23, 49
　——報酬　15, 43
　——マネジメント　i,
　——老人保健施設　36
介護保険　14, -16, 61, 64, 70, 78
　——財政　16
　——事業計画策定委員会　17
　——施設　8
　——制度改正　61
　——法　7
介護労働　1
　——者　12, 23
　——者不足　46
介護予防　16
　——給付　56
　——サービス　56

　——事業　67
家事援助　27
家族介護　6
　——の矛盾　4
家族による介護　1

企業モデル　126
キャリア管理　133
急性腰痛　107
旧老人福祉法　2
共助　63, 71, 75, 76
行政による住民の包摂と動員　73
協同組合　21
居宅介護支援事業　36, 52
居宅寝たきり老人実態調査　2

クライエント　83, 88, 91, 92, 99, 139, 142
グループホーム　36

ケアプラン　52
ケアマネジャー　7, 52, 137, 144
経済性　97
健康配慮義務　104

効果性　96
公助　72, 76
公正性　98
公的介護保険　63
公平性　98
効率性　97
ゴールドプラン　22
国民皆保険制度　2
互助　63, 68, 76
コムスン事件　9

さ
サービス提供責任者　54
災害性腰痛　108

151

在宅サービス　36

事業者の指定取り消し　10
自己実現　70, 71, 73
自助　63
市場メカニズムの導入　12, 61
施設サービス　36
施設整備計画　15
「社会」的性格　64
社会的入院　5
社会福祉基礎構造改革　4
社会福祉協議会　69
社会福祉法人　20, 69
シャドーワーク　128
小規模事業者　10
ショートステイ　36
職場における腰痛予防対策指針　108
女性労働基準規則　109
自立支援　56
シルバー産業　84
新ゴールドプラン　22
身体介護　27
人的資源管理　130, 134

ストリート・レベルのビュロクラット　95

生活援助サービス　49
生協　77
正社員　25
全国介護保険・高齢者保健福祉担当課長会議　10

ソーシャル・サポート　90

た
地域包括ケア研究会　65
地域包括ケアシステム　61, 62, 65, 66
地域包括支援センター　66
調和論　74

ディサービス　36
登録社員　25

特別養護老人ホーム　3, 36

な
二次予防　114
任意事業　67

寝たきり老人　2
ネットワーク　127, 128, 145

ノーリフティング　115

は
パート社員　25

非災害性腰痛　108
ヒューマン・サービス労働　i, 81, 82, 84, 88, 104, 125

複合型　27
福祉資源　70
プロフェッショナリズム　135
プロフェッショナル　91, 127, 129, 135-137
プロフェッション　92, 135-138, 140, 145

ヘルパーのパート化　13

包括的支援事業　67
訪問介護サービス　36
ホームヘルパー　12
「保険」的性格　64

ま
慢性腰痛　107

ミッション　98, 132, 141
民間企業　20

や
有料老人ホーム　11, 36

要介護　57
　　——者　87

要支援者　56

ら
利用者補助方式　7

老人医療費　5
老人福祉計画　6
老人福祉法　22
労働集約的　81, 127, 130
論点整理　62, 64, 65, 67

人名索引

【A-Z】
Austin, S. G.　147
Cupaivolo, A. A.　147
Dowling, M. J.　147
Lipsky, M.　147

【五十音】
あ
池田　徹　75, 77
石黒　毅　101
井手　亘　39
ラングフォード, E.　116
大野京子　77, 78
岡本祐三　2, 17
小津安二郎　2

か
春日キスヨ　1, 101
北原照代　103, 122
久保真人　39, 59, 147, 148
栗原　彬　147
桑田耕太郎　147
ゴフマン, E.　101

さ
佐藤卓利　18, 80, 148

重田博正　148
シュガーマン（Sugarman, B.）　94, 102

た
田尾雅夫　147, 148
高橋信幸　18
竹田茂生　78, 80
玉野井芳郎　147
冨岡公子　103, 122
ドラッカー（Drucker, P.）　95, 102

な
西山勝夫　148
二宮厚美　101
野口典子　1

は
ハーセンフェルド（Hasenfeld, Y.）　101, 146, 147
堀田千秋　39

や
山口道宏　17
横山弘成　77

執筆者紹介（執筆順）

佐藤卓利（さとう・たかとし）
立命館大学経済学部教授
担当章：第1章・第4章

田尾雅夫（たお・まさお）
愛知学院大学経営学研究科教授
担当章：第5章・第7章

久保真人（くぼ・まこと）
同志社大学政策学部・総合政策科
学研究科教授
担当章：第2章・第3章

重田博正（しげた・ひろまさ）
大阪社会医学研究所主任研究員
担当章：第6章

介護サービスマネジメント
───────────────────────────
2013年3月30日　初版第1刷発行

　　著　者　佐藤卓利
　　　　　　久保真人
　　　　　　田尾雅夫
　　　　　　重田博正
　　発行者　中西健夫
　　発行所　株式会社ナカニシヤ出版
　　〒606-8161　京都市左京区一乗寺木ノ本町15番地
　　　　　　　　　　Telephone　075-723-0111
　　　　　　　　　　Facsimile　075-723-0095
　　　　　　　Website　http://www.nakanishiya.co.jp/
　　　　　　　Email　iihon-ippai@nakanishiya.co.jp
　　　　　　　　　　郵便振替　01030-0-13128

印刷・製本＝ファインワークス／装幀＝白沢　正
Copyright © 2013 by T. Sato, M, Kubo, M. Tao, & H. Shigeta
Printed in Japan.
ISBN978-4-7795-0742-7

本書のコピー，スキャン，デジタル化等の無断複製は著作権法上の例外を除き禁じられています。本書を代行業者等の第三者に依頼してスキャンやデジタル化することはたとえ個人や家庭内での利用であっても著作権法上認められていません。